◆ 希汉对照 ◆
柏拉图全集
VIII. 1

克利托丰

溥林 译

商务印书馆
The Commercial Press
创于1897

Platon

CLITOPHO

(ΚΛΕΙΤΟΦΩΝ)

本书依据牛津古典文本（Oxford Classical Texts）中
由约翰·伯内特（John Burnet）所编辑和校勘的
《柏拉图全集》（*Platonis Opera*）第Ⅳ卷译出

前　言

　　商务印书馆 120 余年来一直致力于移译世界各国学术名著，除了皇皇的"汉译世界学术名著丛书"之外，更是组织翻译了不少伟大思想家的全集。柏拉图是严格意义上的西方哲学的奠基人，其思想不仅在西方哲学的整个历史中起着继往开来的作用，也远远超出了哲学领域而在文学、教育学、政治学等领域产生着巨大的影响。从 19 世纪开始，德语世界、英语世界、法语世界等着手系统整理柏拉图的古希腊文原文，并将之译为相应的现代语言，出版了大量的单行本和全集本，至今不衰；鉴于柏拉图著作的经典地位和历史地位，也出版了古希腊文-拉丁文、古希腊文-德文、古希腊文-英文、古希腊文-法文等对照本。

　　商务印书馆既是汉语世界柏拉图著作翻译出版的奠基者，也一直有心系统组织翻译柏拉图的全部作品。近 20 年来，汉语学界对柏拉图的研究兴趣和热情有增无减，除了商务印书馆之外，国内其他出版社也出版了一系列柏拉图著作的翻译和研究著作；无论是从语文学上，还是从思想理解上，都取得了长足的进步。有鉴于此，我们希望在汲取西方世界和汉语世界既有成就的基础上，从古希腊文完整地翻译出柏拉图的全部著作，并以古希腊文-汉文对照的形式出版。现就与翻译相关的问题做以下说明。

　　1. 翻译所依据的古希腊文本是牛津古典文本（Oxford Classical Texts）中由约翰·伯内特（John Burnet）所编辑和校勘的《柏拉图全集》（Platonis Opera）；同时参照法国布德本（Budé）希腊文《柏拉图全集》（Platon: Œuvres complètes），以及牛津古典文本中 1995 年出版的第 I 卷最新校勘本等。

2. 公元前后，亚历山大的忒拉叙洛斯（Θράσυλλος, Thrasyllus）按照古希腊悲剧"四联剧"（τετραλογία, Tetralogia）的演出方式编订柏拉图的全部著作，每卷四部，共九卷，一共 36 部作品（13 封书信整体被视为一部作品）；伯内特编辑的《柏拉图全集》所遵循的就是这种编订方式，但除了 36 部作品之外，外加 7 篇"伪作"。中文翻译严格按照该全集所编订的顺序进行。

3. 希腊文正文前面的 SIGLA 中的内容，乃是编辑校勘者所依据的各种抄本的缩写。希腊文正文下面的校勘文字，原样保留，但不做翻译。译文中〈 〉所标示的，乃是为了意思通顺和完整，由译者加上的补足语。翻译中的注释以古希腊文法和文史方面的知识为主，至于义理方面的，交给读者和研究者本人。

4. 除了"苏格拉底""高尔吉亚"等这些少数约定俗成的译名之外，希腊文专名（人名、地名等）后面的"斯"一般都译出。

译者给自己确定的翻译原则是在坚持"信"的基础上再兼及"达"和"雅"。在翻译时，译者在自己能力所及的范围内，对拉丁文、德文、英文以及中文的重要译本（包括注释、评注等）均认真研读，一一看过，但它们都仅服务于译者对希腊原文的理解。

译者的古希腊文启蒙老师是北京大学哲学系的靳希平教授，谨将此译作献给他，以示感激和敬意。

鉴于译者学养和能力有限，译文中必定有不少疏漏和错讹，敬请读者不吝批评指正。

溥林

2018 年 10 月 22 日于成都

SIGLA

B = cod. Bodleianus, MS. E. D. Clarke 39   = Bekkeri 𝔄

T = cod. Venetus Append. Class. 4, cod. 1   = Bekkeri t

W = cod. Vindobonensis 54, suppl. phil. Gr. 7 = Stallbaumii
                                                  Vind. 1

C = cod. Crusianus sive Tubingensis   = Stallbaumii 𝔗

D = cod. Venetus 185   = Bekkeri Π

G = cod. Venetus Append. Class. 4, cod. 54 = Bekkeri Λ

V = cod. Vindobonensis 109   = Bekkeri Φ

Arm. = Versio Armeniaca

Ars. = Papyrus Arsinoitica a Flinders
       Petrie reperta

Berol. = Papyrus Berolinensis 9782 (ed.
        Diels et Schubart 1905)

Recentiores manus librorum B T W litteris b t w significantur

Codicis W lectiones cum T consentientes commemoravi, lectiones cum B consentientes silentio fere praeterii

目　　录

克利托丰[1]

　　1　忒拉叙洛斯（Θράσυλλος, Thrasyllus）给该对话加的副标题是"或规劝书／或规劝者"（ἢ προτρεπτικός）；按照希腊化时期人们对柏拉图对话风格的分类，《克利托丰》属于"伦理性的"（ἠθικός）。

ΚΛΕΙΤΟΦΩΝ

ΣΩΚΡΑΤΗΣ ΚΛΕΙΤΟΦΩΝ

ΣΩ. Κλειτοφῶντα τὸν Ἀριστωνύμου τις ἡμῖν διηγεῖτο a
ἔναγχος, ὅτι Λυσίᾳ διαλεγόμενος τὰς μὲν μετὰ Σωκράτους
διατριβὰς ψέγοι, τὴν Θρασυμάχου δὲ συνουσίαν ὑπερε-
παινοῖ.

ΚΛΕΙ. Ὅστις, ὦ Σώκρατες, οὐκ ὀρθῶς ἀπεμνημόνευέ σοι 5
τοὺς ἐμοὶ περὶ σοῦ γενομένους λόγους πρὸς Λυσίαν· τὰ μὲν
γὰρ ἔγωγε οὐκ ἐπῄνουν σε, τὰ δὲ καὶ ἐπῄνουν. ἐπεὶ δὲ
δῆλος εἶ μεμφόμενος μέν μοι, προσποιούμενος δὲ μηδὲν
φροντίζειν, ἥδιστ' ἄν σοι διεξέλθοιμι αὐτοὺς αὐτός, ἐπειδὴ
καὶ μόνω τυγχάνομεν ὄντε, ἵνα ἧττόν με ἡγῇ πρὸς σὲ φαύλως 10
ἔχειν. νῦν γὰρ ἴσως οὐκ ὀρθῶς ἀκήκοας, ὥστε φαίνῃ πρὸς
ἐμὲ ἔχειν τραχυτέρως τοῦ δέοντος· εἰ δέ μοι δίδως παρ-
ρησίαν, ἥδιστα ἂν δεξαίμην καὶ ἐθέλω λέγειν.

ΣΩ. Ἀλλ' αἰσχρὸν μὴν σοῦ γε ὠφελεῖν με προθυμου- 407
μένου μὴ ὑπομένειν· δῆλον γὰρ ὡς γνοὺς ὅπῃ χείρων εἰμὶ
καὶ βελτίων, τὰ μὲν ἀσκήσω καὶ διώξομαι, τὰ δὲ φεύξομαι
κατὰ κράτος.

ΚΛΕΙ. Ἀκούοις ἄν. ἐγὼ γάρ, ὦ Σώκρατες, σοὶ συγγιγνό- 5
μενος πολλάκις ἐξεπληττόμην ἀκούων, καί μοι ἐδόκεις παρὰ
τοὺς ἄλλους ἀνθρώπους κάλλιστα λέγειν, ὁπότε ἐπιτιμῶν

---

406 a 3 ὑπερεπαινοῖ A D : ὑπερεπαινεῖ F a 5 ὅστις] ὅστις ἦν
Hermann : ὅστις *** Schanz a 8 μηδὲν φροντίζειν A F D : μηδὲν
εἰδέναι in marg. rec. a a 10 ὄντε D et fecit A² : ὄντες A F d
a 11 πρὸς ἐμὲ A : πρός με F D a 13 ἂν om. F 407 a 6 ἐδόκεις
A F : ἐδόκει D

克利托丰

苏格拉底　克利托丰

苏格拉底：阿里斯托倪摩斯的儿子克利托丰[1]，有人不久前就他对 406a1
我们描述了[2]下面这点，那就是：当他在同吕西阿斯[3]交谈时，一方面，
他指责了同苏格拉底在一起的消磨时间[4]，另一方面[5]，则高度称赞了[6]
同特剌绪马科斯[7]的交往[8]。

克利托丰：无论是谁，苏格拉底啊，他都没有正确地靠记忆向你复 406a5
述[9]我关于你对吕西阿斯所说的那些话[10]；因为，在一些方面，我确实
没有赞扬你，但在另一些方面[11]，我甚至[12]赞扬了你。既然你显然其实
在对我不满[13]——尽管你佯装毫不在意[14]——，因此，我本人会非常
乐意对你详细叙述一下它们，尤其因为[15]现在恰好就我们两人是〈在这 406a10
儿〉[16]，以便你不会如此多地认为我在贬低你[17]。因为现在有可能你已
经听到的那些是不正确的[18]，以至于对待我，你显得比应有的要更为严
厉一些；然而，如果你允许我直言不讳[19]，那么，我既会非常乐意地接
受它，也愿意说一说。

苏格拉底：当然，那的确是可耻的，当你一心要有助于我，而我竟 407a1
然不答应[20]。因为显而易见的是[21]，当我认识到在何种方式上我是较差
的，以及在何种方式上我是较好的，那么，一则我将练习和从事后者，
一则竭尽全力[22]规避前者。

克利托丰：你只管听吧[23]！其实我，苏格拉底啊，当同你在一起 407a5
时[24]，一听你说话，我经常惊得目瞪口呆，并且在我看来你也超过其他
〈所有〉人[25]而说得最好，每当你谴责世人[26]，就像在〈上演〉悲剧的

τοῖς ἀνθρώποις, ὥσπερ ἐπὶ μηχανῆς τραγικῆς θεός, ὕμνεις

b λέγων· "Ποῖ φέρεσθε, ὤνθρωποι; καὶ ἀγνοεῖτε οὐδὲν τῶν
δεόντων πράττοντες, οἵτινες χρημάτων μὲν πέρι τὴν πᾶσαν
σπουδὴν ἔχετε ὅπως ὑμῖν ἔσται, τῶν δ᾽ υἱέων οἷς ταῦτα
παραδώσετε ὅπως ἐπιστήσονται χρῆσθαι δικαίως τούτοις,

5 οὔτε διδασκάλους αὐτοῖς εὑρίσκετε τῆς δικαιοσύνης, εἴπερ
μαθητόν—εἰ δὲ μελετητόν τε καὶ ἀσκητόν, οἵτινες ἐξασκή-
σουσιν καὶ ἐκμελετήσουσιν ἱκανῶς—οὐδέ γ᾽ ἔτι πρότερον
ὑμᾶς αὐτοὺς οὕτως ἐθεραπεύσατε. ἀλλ᾽ ὁρῶντες γράμματα

c καὶ μουσικὴν καὶ γυμναστικὴν ὑμᾶς τε αὐτοὺς καὶ τοὺς
παῖδας ὑμῶν ἱκανῶς μεμαθηκότας—ἃ δὴ παιδείαν ἀρετῆς
εἶναι τελέαν ἡγεῖσθε—κᾆπειτα οὐδὲν ἧττον κακοὺς γιγνο-
μένους περὶ τὰ χρήματα, πῶς οὐ καταφρονεῖτε τῆς νῦν

5 παιδεύσεως οὐδὲ ζητεῖτε οἵτινες ὑμᾶς παύσουσι ταύτης τῆς
ἀμουσίας; καίτοι διά γε ταύτην τὴν πλημμέλειαν καὶ ῥᾳθυ-
μίαν, ἀλλ᾽ οὐ διὰ τὴν ἐν τῷ ποδὶ πρὸς τὴν λύραν ἀμετρίαν,
καὶ ἀδελφὸς ἀδελφῷ καὶ πόλεις πόλεσιν ἀμέτρως καὶ

d ἀναρμόστως προσφερόμεναι στασιάζουσι καὶ πολεμοῦντες τὰ
ἔσχατα δρῶσιν καὶ πάσχουσιν. ὑμεῖς δέ φατε οὐ δι᾽ ἀπαι-
δευσίαν οὐδὲ δι᾽ ἄγνοιαν ἀλλ᾽ ἑκόντας τοὺς ἀδίκους ἀδίκους
εἶναι, πάλιν δ᾽ αὖ τολμᾶτε λέγειν ὡς αἰσχρὸν καὶ θεομισὲς

5 ἡ ἀδικία· πῶς οὖν δή τις τό γε τοιοῦτον κακὸν ἑκὼν αἱροῖτ᾽
ἄν; Ἥττων ὃς ἂν ᾖ, φατέ, τῶν ἡδονῶν. οὐκοῦν καὶ τοῦτο
ἀκούσιον, εἴπερ τὸ νικᾶν ἑκούσιον; ὥστε ἐκ παντὸς τρόπου
τό γε ἀδικεῖν ἀκούσιον ὁ λόγος αἱρεῖ, καὶ δεῖν ἐπιμέλειαν τῆς

e νῦν πλείω ποιεῖσθαι πάντ᾽ ἄνδρα ἰδίᾳ θ᾽ ἅμα καὶ δημοσίᾳ
συμπάσας τὰς πόλεις."

Ταῦτ᾽ οὖν, ὦ Σώκρατες, ἐγὼ ὅταν ἀκούω σοῦ θαμὰ
λέγοντος, καὶ μάλα ἄγαμαι καὶ θαυμαστῶς ὡς ἐπαινῶ.

a 8 θεός A D f: θεοῖς F   ὕμνεις S: ὑμεῖς A: ὕμνοις F D (ὑμεῖς f d)
b 2 πᾶσαν τὴν F   b 5 ἀμελεῖτε καὶ ante οὔτε add. recc.   b 6 εἰ
δὲ A D: εἴτε F   b 7 γ᾽ ἔτι] γέ τι Baumann: γε Schanz   c 1 τε
A F: om. D   c 3 ἡγεῖσθε F: ἤγησθε A D   d 1 προσφερόμεναι A D f:
προσφέρομεν αἱ F: προσφερόμενοι Ast   d 3 alterum ἀδίκους om. F
d 6 ἧττον ὡς ἂν ᾖ F   e 3 ἐγὼ ὦ Σώκρατες F   ἀκούσω F   θαμὰ]
θαῦμα F

舞台机关上面的一位神[27]似的，通过说下面这些而反反复复地讲[28]："你 407b1
们要往哪儿去[29]，人们啊？你们甚至不知道，那些应该做的事情，你们
没有做其中的任何一件！一方面，对于钱财，你们任何一个人都满怀
热忱[30]，以便你们将拥有它[31]；另一方面，就〈你们的〉儿子们——
你们将把这些钱财遗赠给他们——，对于他们将知道如何以正义的方
式使用这些东西[32]，你们却漫不经心，并且你们不仅没有为他们寻找那 407b5
些〈传授〉正义的老师[33]，如果它真的是可学的话——但如果它只是通
过历练才可得到的，以及通过训练才可获取的[34]，那么，〈你们也没有
为他们寻找任何〉能够彻底地训练他们和充分地历练他们的人——，而
且你们甚至还没有先行以这种方式照护过你们自己[35]。然而，既然你们
看到，虽然在文字、文艺[36]和体育方面，你们自己以及你们的孩子们 407c1
已经充分地学习过了——你们也真的把它们视作是德性的一种完满的
教育——，但随后在对待钱财〈的态度上〉你们并没有变得有丝毫的好
转[37]，那么，你们为何既没有鄙视现在的教育，也没有寻找任何能够使 407c5
你们摆脱这种粗鄙的人[38]？真的，正是由于这种弹错曲调[39]和漫不经
心，而不是由于脚同七弦琴在节奏上的不一致，导致兄弟之于兄弟，以
及一些城邦之于一些城邦——如果它们以一种无节奏的方式以及不和谐
的方式打交道的话——反目成仇[40]，并且因进行战争而做出和遭受各种 407d1
极端的事情。一方面，你们宣称，既不是由于缺乏教育，也不是由于无
知，而是心甘情愿地，那些不正义的人是不正义的，另一方面，你们复
又敢于说，不正义是可耻的和被神憎恶的。那么，任何一个人究竟如何 407d5
会选择如此这般的恶呢？那屈从于各种快乐的人〈会那么做〉[41]，你们
说。于是乎，这件事岂不其实是心不甘情不愿的，如果取得胜利恰恰是
自觉自愿的话？因此，基于每一种方式[42]，事情的道理都证明了[43]下面
这点，那就是，行不义无论如何都是心不甘情不愿的；同现在〈对之所
做出的〉关心相比，无论是每个人在私人的事情上，还是所有的城邦在 407e1
公共的事务上[44]，甚至都应当更加地关心〈此事〉[45]。"

因此，就这些事情[46]，苏格拉底啊，每当我听到你经常这样说它们
时，我既由衷地[47]钦佩〈你〉，也以不同寻常的方式[48]称赞〈你〉。此 407e5

καὶ ὁπόταν αὖ φῇς τὸ ἐφεξῆς τούτῳ, τοὺς ἀσκοῦντας μὲν 5
τὰ σώματα, τῆς δὲ ψυχῆς ἠμεληκότας ἕτερόν τι πράττειν
τοιοῦτον, τοῦ μὲν ἄρξοντος ἀμελεῖν, περὶ δὲ τὸ ἀρξόμενον
ἐσπουδακέναι. καὶ ὅταν λέγῃς ὡς ὅτῳ τις μὴ ἐπίσταται
χρῆσθαι, κρεῖττον ἐᾶν τὴν τούτου χρῆσιν· εἰ δή τις μὴ
ἐπίσταται ὀφθαλμοῖς χρῆσθαι μηδὲ ὠσὶν μηδὲ σύμπαντι τῷ 10
σώματι, τούτῳ μήτε ἀκούειν μήθ᾽ ὁρᾶν μήτ᾽ ἄλλην χρείαν
μηδεμίαν χρῆσθαι τῷ σώματι κρεῖττον ἢ ὁπῃοῦν χρῆσθαι.
καὶ δὴ καὶ περὶ τέχνην ὡσαύτως· ὅστις γὰρ δὴ μὴ ἐπίσταται 408
τῇ ἑαυτοῦ λύρᾳ χρῆσθαι, δῆλον ὡς οὐδὲ τῇ τοῦ γείτονος. οὐδὲ
ὅστις μὴ τῇ τῶν ἄλλων, οὐδὲ τῇ ἑαυτοῦ, οὐδ᾽ ἄλλῳ τῶν
ὀργάνων οὐδὲ κτημάτων οὐδενί. καὶ τελευτᾷ δὴ καλῶς ὁ
λόγος οὗτός σοι, ὡς ὅστις ψυχῇ μὴ ἐπίσταται χρῆσθαι, 5
τούτῳ τὸ ἄγειν ἡσυχίαν τῇ ψυχῇ καὶ μὴ ζῆν κρεῖττον ἢ ζῆν
πράττοντι καθ᾽ αὑτόν· εἰ δέ τις ἀνάγκη ζῆν εἴη, δούλῳ ἄμεινον
ἢ ἐλευθέρῳ διάγειν τῷ τοιούτῳ τὸν βίον ἐστὶν ἄρα, καθάπερ b
πλοίου παραδόντι τὰ πηδάλια τῆς διανοίας ἄλλῳ, τῷ μαθόντι
τὴν τῶν ἀνθρώπων κυβερνητικήν, ἣν δὴ σὺ πολιτικήν, ὦ
Σώκρατες, ἐπονομάζεις πολλάκις, τὴν αὐτὴν δὴ ταύτην δικα-
στικήν τε καὶ δικαιοσύνην ὡς ἔστιν λέγων. τούτοις δὴ τοῖς 5
λόγοις καὶ ἑτέροις τοιούτοις παμπόλλοις καὶ παγκάλως λεγο-
μένοις, ὡς διδακτὸν ἀρετὴ καὶ πάντων ἑαυτοῦ δεῖ μάλιστα
ἐπιμελεῖσθαι, σχεδὸν οὔτ᾽ ἀντεῖπον πώποτε οὔτ᾽ οἶμαι μή- c
ποτε ὕστερον ἀντείπω, προτρεπτικωτάτους τε ἡγοῦμαι καὶ
ὠφελιμωτάτους, καὶ ἀτεχνῶς ὥσπερ καθεύδοντας ἐπεγείρειν
ἡμᾶς. προσεῖχον δὴ τὸν νοῦν τὸ μετὰ ταῦτα ὡς ἀκουσόμενος,
ἐπανερωτῶν οὔτι σὲ τὸ πρῶτον, ὦ Σώκρατες, ἀλλὰ τῶν 5
ἡλικιωτῶν τε καὶ συνεπιθυμητῶν ἢ ἑταίρων σῶν, ἢ ὅπως δεῖ
πρὸς σὲ περὶ αὐτῶν τὸ τοιοῦτον ὀνομάζειν. τούτων γὰρ

e 7 ἄρξαντος F (suprascr. ον f)   e 9 εἰ δὴ A D : εἰ δέ F : om.
Stobaeus   a 1 γὰρ δὴ F Stobaeus : γὰρ ἂν δὴ A : γὰρ ἂν D et in
marg. f   ἐπίσταται A F D : ἐπίστηται a   a 7 εἴη om. Stobaeus
b 4 δὴ A D : δὲ F   c 1 μήποτ᾽ ἐσύστερον F   c 2 ⟨ὃς⟩ προτρεπτι-
κωτάτους Schanz   γὰρ post τε add. Par. 1809   c 5 οὔ τι] ὁ τὶς
in marg. f   c 6 ἑτέρων F (corr. f)

外也复又如此，无论什么时候，你紧接着这点 [49] 说：一些人，他们虽然
锻炼身体，但未曾关心过灵魂，他们在做另外一种诸如此类的事情 [50]，
那就是，一方面，对那将进行统治的东西漠不关心，另一方面，对那将
被统治的东西却充满了热忱 [51]。还有，每当你说：就任何一样东西，一
个人不知道如何使用它，那么放弃对该东西的使用，这〈对他来说〉是
更好的 [52]；因此，如果一个人不知道如何使用〈他自己的〉眼睛，或者 407e10
耳朵，或者整个身体，那么，对这个人来说，或者不听，或者不看，或
者不在任何其他的用途上使用身体，要好于他以任何一种方式使用它
们。当然 [53]，就任何一种技艺来说也同样如此。因为，任何一个人，如 408a1
果他不知道使用他自己的七弦琴，那么显然他也不知道如何使用其邻居
的七弦琴；任何一个人，如果他不知道如何使用他人的七弦琴，那他也
就不知道如何使用他自己的七弦琴；就各种工具和财物中的其他任何一
样来说也如此。并且你的这番话也的确结束得漂亮：任何一个人，如果 408a5
他不知道如何使用灵魂，那么对这个人来说，让灵魂安息 [54] 和不活着，
要强过以自行其是的方式活着。但是，如果他必须活着，那么，对于这
样一个人来说，作为一个奴隶，当然要好于作为一个自由人来度过一
生 [55]，因为他把思想的舵桨 [56] 就像船的舵桨一样交给另一个人，这个人 408b1
学习过关乎人的掌舵的技艺，而你，苏格拉底啊，的确经常将之称为治
邦的技艺 [57]，因为你说其实这同一门技艺就是审判的技艺和正义 [58]。这 408b5
些话以及其他诸如此类的话，确实非常非常的多，并且也被说得极其
漂亮，诸如德性是可教的，以及在所有事情中一个人应当最为关心他
自己 [59]，几乎可以说，我从未曾在任何时候反驳过它们，我认为我以后 408c1
也决不会反驳它们，我把它们视为是最具有规劝作用的和最有益的，并
且真正 [60] 把仿佛睡着了的我们唤醒。因此，我很留意 [61] 在这些之后我将
听到的；但我一再询问的，首先并不是你本人，苏格拉底啊，而是你的 408c5
一些同年龄的人和一些有着同样追求的人 [62]，或者你的一些朋友们，或
者他们之于你的诸如此类的关系，随便一个人应当以何种方式来进行称

τοὺς τὶ μάλιστα εἶναι δοξαζομένους ὑπὸ σοῦ πρώτους
ἐπανηρώτων, πυνθανόμενος τίς ὁ μετὰ ταῦτ' εἴη λόγος, καὶ
d κατὰ σὲ τρόπον τινὰ ὑποτείνων αὐτοῖς, "Ὦ βέλτιστοι,"
ἔφην, "ὑμεῖς, πῶς ποτε νῦν ἀποδεχόμεθα τὴν Σωκράτους
προτροπὴν ἡμῶν ἐπ' ἀρετήν; ὡς ὄντος μόνου τούτου,
ἐπεξελθεῖν δὲ οὐκ ἔνι τῷ πράγματι καὶ λαβεῖν αὐτὸ τελέως,
5 ἀλλ' ἡμῖν παρὰ πάντα δὴ τὸν βίον ἔργον τοῦτ' ἔσται, τοὺς
μήπω προτετραμμένους προτρέπειν, καὶ ἐκείνους αὖ ἑτέρους;
ἢ δεῖ τὸν Σωκράτη καὶ ἀλλήλους ἡμᾶς τὸ μετὰ τοῦτ' ἐπανερω-
e τᾶν, ὁμολογήσαντας τοῦτ' αὐτὸ ἀνθρώπῳ πρακτέον εἶναι, τί
τοὐντεῦθεν; πῶς ἄρχεσθαι δεῖν φαμεν δικαιοσύνης πέρι
μαθήσεως; ὥσπερ ἂν εἴ τις ἡμᾶς προύτρεπεν τοῦ σώματος
ἐπιμέλειαν ποιεῖσθαι, μηδὲν προνοοῦντας ὁρῶν καθάπερ
5 παῖδας ὡς ἔστιν τις γυμναστικὴ καὶ ἰατρική, κἄπειτα ὠνεί-
διζεν, λέγων ὡς αἰσχρὸν πυρῶν μὲν καὶ κριθῶν καὶ ἀμπέλων
ἐπιμέλειαν πᾶσαν ποιεῖσθαι, καὶ ὅσα τοῦ σώματος ἕνεκα
διαπονούμεθά τε καὶ κτώμεθα, τούτου δ' αὐτοῦ μηδεμίαν
τέχνην μηδὲ μηχανήν, ὅπως ὡς βέλτιστον ἔσται τὸ σῶμα,
10 ἐξευρίσκειν, καὶ ταῦτα οὖσαν. εἰ δ' ἐπανηρόμεθα τὸν ταῦθ'
409 ἡμᾶς προτρέποντα· Λέγεις δὲ εἶναι τίνας ταύτας τὰς τέχνας;
εἶπεν ἂν ἴσως ὅτι γυμναστικὴ καὶ ἰατρική. καὶ νῦν δὴ τίνα
φαμὲν εἶναι τὴν ἐπὶ τῇ τῆς ψυχῆς ἀρετῇ τέχνην; λεγέσθω."
Ὁ δὴ δοκῶν αὐτῶν ἐρρωμενέστατος εἶναι πρὸς ταῦτα ἀπο-
5 κρινόμενος εἶπέν μοι ταύτην τὴν τέχνην εἶναι ἥνπερ ἀκούεις
σὺ λέγοντος, ἔφη, Σωκράτους, οὐκ ἄλλην ἢ δικαιοσύνην.
Εἰπόντος δ' ἐμοῦ "Μή μοι τὸ ὄνομα μόνον εἴπῃς, ἀλλὰ ὧδε.
b ἰατρική πού τις λέγεται τέχνη· ταύτης δ' ἐστὶν διττὰ τὰ
ἀποτελούμενα, τὸ μὲν ἰατροὺς ἀεὶ πρὸς τοῖς οὖσιν ἑτέρους
ἐξεργάζεσθαι, τὸ δὲ ὑγίειαν· ἔστιν δὲ τούτων θάτερον οὐκέτι

d 1 ὑπό τινων F   d 4 γρ. ἔνι Ven. 184: ἐν A F D   d 6 ἐκείνους
A F D: ἐκείνοις al. Schanz   d 7 τοῦτ'] τότ' F   ἐπανερωτᾶν F D:
ἐπερωτᾶν A   e 10 ἐπανηρόμεθα F (corr. f)   a 4 αὐτῶν] αὐτοῦ F
(corr. f)   a 5 μοι om. Stobaeus   a 7 δ' ἐμοῦ D: δέ μου A F
Stobaeus   μόνον εἴπῃς A F D: εἴπῃς μόνον Stobaeus   ὧδε A F D:
ὡδὶ Stobaeus

呼。在这些人中，首先是那些被你认为最为是一个人物的人[63]，我一再
询问他们，打听在这些之后的话会是什么，并且如你一样以某种方式向   408d1
他们提问[64]。"你们这些最优秀的人啊，"我说道，"现在，我们究竟如
何领会[65]苏格拉底在德性方面对我们的规劝呢？这就是唯一的吗，而不
可能进一步追踪事情[66]并且完满地把握它，相反，终其一生这都将是我   408d5
们的任务，那就是规劝那些尚未被规劝过的人，并且这些人复又再去规
劝另外一些人？抑或我们在此之后应当继续询问苏格拉底和彼此询问，
既然我们已经同意这件事恰恰是一个人必须做的，此后的事情是什么   408e1
呢[67]？我们说，应当如何开始一种关于正义的学习[68]呢？好像是，如果有
人规劝我们要关心〈我们自己的〉身体，由于他看到我们就像一些孩子   408e5
似的并没有预先注意到有着健身术和医术这样的技艺，于是随后就谴责
我们，说下面这样是可耻的，那就是：一方面，我们把全副身心都用在
了小麦、大麦和葡萄上，以及用在了所有〈其他〉那些为了身体的缘故
我们才去苦心经营和汲汲获取的东西上；另一方面，不为了身体这种东
西自身去寻找任何一种技艺或任何一种方法，以便它将是尽可能地好[69]，
即使〈诸如技艺或方法〉这样的东西就是〈在那里〉[70]。而如果我们再   408e10
次询问那个这样规劝我们的人：那你说说，这些技艺是哪些技艺呢？他   409a1
或许就会说：健身术和医术。而现在我们主张，关于灵魂之德性的技艺
究竟是何种技艺呢？只管让它被说出来[71]！"他们中当然看起来是最
强有力的那位对这些问题进行了回答，他告诉我，这门技艺，他说，就   409a5
是你听苏格拉底在谈论的那种技艺，它不是别的，除了正义之外。而我
说道："请你不要仅仅告诉我〈它的〉名字，而是要像下面这样做。医   409b1
术无论如何都被称作某种技艺。而通过该技艺被实现出来的东西是双重
的，一方面，它不断地在那些〈已经〉是〈在那里〉的医生之外成就出
〈新的〉医生，另一方面[72]，成就出健康。但是，这两者中一个不再是

τέχνη, τῆς τέχνης δὲ τῆς διδασκούσης τε καὶ διδασκομένης
ἔργον, ὃ δὴ λέγομεν ὑγίειαν. καὶ τεκτονικῆς δὲ κατὰ ταὐτὰ 5
οἰκία τε καὶ τεκτονικὴ τὸ μὲν ἔργον, τὸ δὲ δίδαγμα. τῆς δὴ
δικαιοσύνης ὡσαύτως τὸ μὲν δικαίους ἔστω ποιεῖν, καθάπερ
ἐκεῖ τοὺς τεχνίτας ἑκάστους· τὸ δ' ἕτερον, ὃ δύναται ποιεῖν
ἡμῖν ἔργον ὁ δίκαιος, τί τοῦτό φαμεν; εἰπέ." Οὗτος μέν, ὡς c
οἶμαι, τὸ συμφέρον ἀπεκρίνατο, ἄλλος δὲ τὸ δέον, ἕτερος δὲ
τὸ ὠφέλιμον, ὁ δὲ τὸ λυσιτελοῦν. ἐπανῄειν δὴ ἐγὼ λέγων
ὅτι " Κἀκεῖ τά γε ὀνόματα ταῦτ' ἐστὶν ἐν ἑκάστῃ τῶν τεχνῶν,
ὀρθῶς πράττειν, λυσιτελοῦντα, ὠφέλιμα καὶ τἆλλα τὰ τοιαῦτα· 5
ἀλλὰ πρὸς ὅτι ταῦτα πάντα τείνει, ἐρεῖ τὸ ἴδιον ἑκάστῃ ἡ
τέχνη, οἷον ἡ τεκτονικὴ τὸ εὖ, τὸ καλῶς, τὸ δεόντως, ὥστε
τὰ ξύλινα, φήσει, σκεύη γίγνεσθαι, ἃ δὴ οὐκ ἔστιν τέχνη. d
λεγέσθω δὴ καὶ τὸ τῆς δικαιοσύνης ὡσαύτως." τελευτῶν
ἀπεκρίνατό τις ὦ Σώκρατές μοι τῶν σῶν ἑταίρων, ὃς δὴ
κομψότατα ἔδοξεν εἰπεῖν, ὅτι τοῦτ' εἴη τὸ τῆς δικαιοσύνης
ἴδιον ἔργον, ὃ τῶν ἄλλων οὐδεμιᾶς, φιλίαν ἐν ταῖς πόλεσιν 5
ποιεῖν. οὗτος δ' αὖ ἐρωτώμενος τὴν φιλίαν ἀγαθόν τ' ἔφη
εἶναι καὶ οὐδέποτε κακόν, τὰς δὲ τῶν παίδων φιλίας καὶ
τὰς τῶν θηρίων, ἃς ἡμεῖς τοῦτο τοὔνομα ἐπονομάζομεν, οὐκ
ἀπεδέχετο εἶναι φιλίας ἐπανερωτώμενος· συνέβαινε γὰρ αὐτῷ
τὰ πλείω τὰς τοιαύτας βλαβερὰς ἢ ἀγαθὰς εἶναι. φεύγων e
δὴ τὸ τοιοῦτον οὐδὲ φιλίας ἔφη τὰς τοιαύτας εἶναι, ψευδῶς
δὲ ὀνομάζειν αὐτὰς τοὺς οὕτως ὀνομάζοντας· τὴν δὲ ὄντως
καὶ ἀληθῶς φιλίαν εἶναι σαφέστατα ὁμόνοιαν. τὴν δὲ
ὁμόνοιαν ἐρωτώμενος εἰ ὁμοδοξίαν εἶναι λέγοι ἢ ἐπιστήμην, 5
τὴν μὲν ὁμοδοξίαν ἠτίμαζεν· ἠναγκάζοντο γὰρ πολλαὶ καὶ
βλαβεραὶ γίγνεσθαι ὁμοδοξίαι ἀνθρώπων, τὴν δὲ φιλίαν
ἀγαθὸν ὡμολόγηκει πάντως εἶναι καὶ δικαιοσύνης ἔργον,
ὥστε ταὐτὸν ἔφησεν εἶναι ὁμόνοιαν [καὶ] ἐπιστήμην οὖσαν,

b 8 ἐκεῖ τοὺς D f Stobaeus: ἐκείνους A : ἐκείνους τοὺς F   c 3 ἐπαν-
ήειν A D : ἐπανήκειν F   δὴ A Stobaeus: δ' F D   c 4 κἀκεῖ
A F D: ἐκεῖ Stobaeus   c 6 ἑκάστῃ ἡ Stobaeus: ἑκάστῃ A F D
d 1 φήσει A F D: φύσει fecit A² (υ s. v.)   d 9 αὐτὸν pr. F
e 5 ἀνερωτώμενος F   e 9 καὶ secl. Bekker

一种技艺，而是那既进行教又被教的技艺之业绩[73]，我们明确地将之称 409b5
作健康[74]。并且在木工技艺那里，也同样地有着房子和木工技艺，一个
是业绩，一个是教导[75]。那么，就正义来说，以同样的方式姑且同意[76]，
一方面，它造就出一些正义的人，就像在〈其他每一门技艺〉那儿都造
就出各自有技艺的人一样；另一方面，就另外那个东西，即正义的人能
够为我们造就的业绩，我们说这种东西是什么呢？请告诉〈我〉！" 于 409c1
是这个人，就像我认为的那样，回答说是利益[77]，另一个人说是应当做
的事情，也有人说是益处，还有人说是有利可图的东西。而我再次接过
话题[78]说道："在这儿，其实这些字眼是在诸技艺的每一门中，即正确 409c5
地行事，做有利可图的事情、有益的事情，以及其他诸如此类的事情。
然而，就所有这些所旨在的[79]，每一门技艺都将说出属于它自己的；例
如，木工技艺将说要做得好、做得正确、做得应当，以便一些木制的器 409d1
具产生出来，但这些木制的器具自身毕竟不是一种技艺[80]。因此，让正
义所旨在的事情也以同样的方式被说！" 最后[81]，苏格拉底啊，你的那
些朋友中的一位回答了我，而他事实上看起来也说得非常地巧妙[82]：下
面这点会是正义的独特业绩，不属于其他那些技艺中的任何一门，那就 409d5
是在诸城邦中促成友爱[83]。而当这个人被进一步询问后，他宣称，友爱
是好的，并且从不是坏的；而孩童间的各种友爱，以及兽类间的各种友
爱——我们也用这个名字来称呼它们——，他不认可它们是友爱[84]，当
他被一再询问后。因为对他来说出现了下面这种情况，那就是：诸如此 409e1
类的东西更多地[85]是有害的，而不是好的。因此，为了避免诸如此类
的情况，他宣称诸如此类的东西根本就不是友爱；而那些如此称呼它们
的人其实是在错误地进行称呼。而那是的方式上和真的方式上是友爱
的〈那种友爱〉[86]，最为清楚地是一条心[87]。但当他被询问，他会把一 409e5
条心说成是一种意见一致呢，还是一种知识时，他鄙视了意见一致；因
为，许多有害的意见一致被迫出现在人们中间，而友爱，他已经赞同它
完完全全是一种好的东西，并且是正义之业绩，因此他宣称一条心是同

10 ἀλλ' οὐ δόξαν. ὅτε δὴ ἐνταῦθα ἦμεν τοῦ λόγου ἀποροῦντες,

410 οἱ παρόντες ἱκανοὶ ἦσαν ἐπιπλήττειν τε αὐτῷ καὶ λέγειν ὅτι
περιδεδράμηκεν εἰς ταὐτὸν ὁ λόγος τοῖς πρώτοις, καὶ ἔλεγον
ὅτι " Καὶ ἡ ἰατρικὴ ὁμόνοιά τίς ἐστι καὶ ἅπασαι αἱ τέχναι,
καὶ περὶ ὅτου εἰσὶν ἔχουσι λέγειν· τὴν δὲ ὑπὸ σοῦ λεγομένην
5 δικαιοσύνην ἢ ὁμόνοιαν, ὅποι τείνουσά ἐστιν, διαπέφευγεν,
καὶ ἄδηλον αὐτῆς ὅτι ποτ' ἔστιν τὸ ἔργον."

Ταῦτα, ὦ Σώκρατες, ἐγὼ τελευτῶν καὶ σὲ αὐτὸν ἠρώτων,
καὶ εἶπές μοι δικαιοσύνης εἶναι τοὺς μὲν ἐχθροὺς βλάπτειν,
b τοὺς δὲ φίλους εὖ ποιεῖν. ὕστερον δὲ ἐφάνη βλάπτειν
γε οὐδέποτε ὁ δίκαιος οὐδένα· πάντα γὰρ ἐπ' ὠφελίᾳ πάν-
τας δρᾶν. ταῦτα δὲ οὐχ ἅπαξ οὐδὲ δὶς ἀλλὰ πολὺν δὴ
ὑπομείνας χρόνον [καὶ] λιπαρῶν ἀπείρηκα, νομίσας σε τὸ
5 μὲν προτρέπειν εἰς ἀρετῆς ἐπιμέλειαν κάλλιστ' ἀνθρώπων
δρᾶν, δυοῖν δὲ θάτερον, ἢ τοσοῦτον μόνον δύνασθαι, μακ-
ρότερον δὲ οὐδέν, ὃ γένοιτ' ἂν καὶ περὶ ἄλλην ἡντιναοῦν
τέχνην, οἷον μὴ ὄντα κυβερνήτην καταμελετῆσαι τὸν ἔπαινον
c περὶ αὐτῆς, ὡς πολλοῦ τοῖς ἀνθρώποις ἀξία, καὶ περὶ τῶν
ἄλλων τεχνῶν ὡσαύτως· ταὐτὸν δὴ καὶ σοί τις ἐπενέγκοι
τάχ' ἂν περὶ δικαιοσύνης, ὡς οὐ μᾶλλον ὄντι δικαιοσύνης
ἐπιστήμονι, διότι καλῶς αὐτὴν ἐγκωμιάζεις. οὐ μὴν τό γε
5 ἐμὸν οὕτως ἔχει· δυοῖν δὲ θάτερον, ἢ οὐκ εἰδέναι σε ἢ
οὐκ ἐθέλειν αὐτῆς ἐμοὶ κοινωνεῖν. διὰ ταῦτα δὴ καὶ πρὸς
Θρασύμαχον οἶμαι πορεύσομαι καὶ ἄλλοσε ὅποι δύναμαι,
ἀπορῶν· ἐπεὶ εἴ γ' ἐθέλεις σὺ τούτων μὲν ἤδη παύσασθαι
d πρὸς ἐμὲ τῶν λόγων τῶν προτρεπτικῶν, οἷον δέ, εἰ περὶ
γυμναστικῆς προτετραμμένος ἢ τοῦ σώματος δεῖν μὴ ἀμελεῖν,
τὸ ἐφεξῆς ἂν τῷ προτρεπτικῷ λόγῳ ἔλεγες οἷον τὸ σῶμά
μου φύσει ὂν οἵας θεραπείας δεῖται, καὶ νῦν δὴ ταὐτὸν
5 γιγνέσθω. θὲς τὸν Κλειτοφῶντα ὁμολογοῦντα ὡς ἔστιν κατα-

a 1 γρ. ἐπεχείρησαν ἐπιπλήττειν A   a 3 ἢ A F Stobaeus: om. D
a 5 ὅποι F: ὅπου A D   b 3 δὲ A D: γὰρ F   b 4 καὶ secl. Baumann
b 8 οἷον A D: om. F (ἢ suprascr. f)   c 7 πορεύσομαι D f et fecit
A²: πορεύομαι A F   ὅποι Bekker: ὅπῃ A F D   d 3 τῷ ἐφεξῆς F

样的，因为它是知识⁸⁸，而不是意见。于是，当我们处在讨论的这个点 409e10
上时，我们走投无路⁸⁹，那些在场的人倒是有能力斥责他⁹⁰，并且说该 410a1
说法如先前那些说法一样已经在同一个地方绕圈子⁹¹；并且他们说："其
实医术也是某种一条心，所有〈其他的〉技艺亦然，它们也都能够说
出⁹²它们是关乎什么东西的；而你所谓的正义或一条心，它所旨在的东 410a5
西⁹³，却已经〈从它那里〉逃走了，并且下面这点也是不清楚的，即它
的业绩究竟是什么。"

这就是为何⁹⁴，苏格拉底啊，我最终甚至询问你本人，并且你告诉
我下面这点是属于正义的，那就是：一方面，伤害敌人，另一方面，善 410b1
待朋友。然而，后来却显明，正义的人无论如何都从不伤害任何人⁹⁵；
因为，他为每个人做每件事⁹⁶，都只是为了其益处。由于对此我并不只
是忍耐了一次，也不是两次，事实上忍耐了很长时间，我已经放弃继
续询问〈你〉⁹⁷；因为我认为，虽然就规劝人要关心德性来说，你在世 410b5
上做得最好⁹⁸，但下面两种情况你必居其一，那就是：或者，你只能做
这么多，而更多的，你什么都做不了，这其实也会出现在其他任何一
种技艺那儿，例如，一个人，他自己虽然不是一位舵手，但在对这门
技艺的颂扬方面他能够训练自己⁹⁹，〈颂扬它〉对人们来说是何等的可 410c1
贵¹⁰⁰，并且关于其他技艺也同样如此；因此，关于正义，一个人也有可
能¹⁰¹会把同样的〈指责〉加在你身上，〈说〉你远不是一个对正义拥有
知识的人，只不过因为你在正确地称颂它而已。而就我这一方来说¹⁰²， 410c5
事情肯定不是这个样子¹⁰³。而下面两种情况你必居其一¹⁰⁴：或者你不
知道〈正义〉，或者你不愿意同我分享它¹⁰⁵。也正由于此，我才认为我
要前往特剌绪马科斯那儿，以及前往我能够前往的其他地方，因为我
走投无路。既然如此，如果你确实从此以后¹⁰⁶愿意对我终止这样一些
规劝性的谈话，就像，关于健身术，如果我已经被〈你〉所规劝而不应 410d1
不关心身体，那么，紧接着这规劝性的话你会〈进一步〉说，我的身体
由于生来¹⁰⁷是何种样子而需要哪样一种照护¹⁰⁸，现在也请让同样的事
情发生！请你假设¹⁰⁹克利托丰同意下面这点是可笑的，那就是，一方 410d5

γέλαστον τῶν μὲν ἄλλων ἐπιμέλειαν ποιεῖσθαι, ψυχῆς δέ,
ἧς ἕνεκα τἆλλα διαπονούμεθα, ταύτης ἠμεληκέναι· καὶ τἆλλα e
πάντα οἴου με νῦν οὕτως εἰρηκέναι τὰ τούτοις ἑξῆς, ἃ καὶ
νυνδὴ διῆλθον. καί σου δεόμενος λέγω μηδαμῶς ἄλλως ποιεῖν,
ἵνα μή, καθάπερ νῦν, τὰ μὲν ἐπαινῶ σε πρὸς Λυσίαν καὶ πρὸς
τοὺς ἄλλους, τὰ δέ τι καὶ ψέγω. μὴ μὲν γὰρ προτετραμμένῳ 5
σε ἀνθρώπῳ, ὦ Σώκρατες, ἄξιον εἶναι τοῦ παντὸς φήσω,
προτετραμμένῳ δὲ σχεδὸν καὶ ἐμπόδιον τοῦ πρὸς τέλος ἀρετῆς
ἐλθόντα εὐδαίμονα γενέσθαι.

---

e 1 καὶ τἆλλα . . . εἰρηκέναι om. F : add. in marg. f   e 5 δέ τι
A D : δ' ἔτι F

面关心其他事情，另一方面，就灵魂——为了它的缘故我们才苦心经营 410e1
其他事情——，却已经忽视了它；并且也请你相信，我现在已经以这种
方式说了接着这些的其他所有事情，其实就像我刚才细说〈健身术〉那
样[110]。我也恳请你，我说，决不要以其他方式行事，以免，就像现在这
样，在吕西阿斯和其他一些人面前，在一些方面我称赞你，在另一些方 410e5
面我又有点责备你。因为，对于那尚未被规劝过的人来说，你，苏格拉
底啊，我将宣称你是配得上一切的[111]；但对于那已经被规劝过的人来
说，你甚至差不多就是下面这件事的一个绊脚石，那就是，他通过抵达
德性的完满而成为一个幸福的人。

注　释

1 阿里斯托倪摩斯的儿子克利托丰（Κλειτοφῶν ὁ Ἀριστωνύμος）。阿里斯托倪摩斯（Ἀριστωνύμος, Aristonymos），生平不详。克利托丰（Κλειτοφῶν, Kleitophon），也译为"克勒托丰"，雅典政治家；阿里斯托芬在其喜剧《蛙》（967）和亚里士多德在《雅典政制》（29.3.4, 34.3.9）中也曾提到过此人。

2 τις ἡμῖν διηγεῖτο ἔναγχος［有人不久前就他对我们描述了］。为何苏格拉底在这里用第一人称与格复数 ἡμῖν［对我们］，如果不考虑其他，至少在语法上可被视为 pluralis modestiae［谦虚复数］，即背后意思虽然是单数"我"，但表达时用复数形式"我们"，以示"谦虚"或"礼貌"。参见：

《欧悌弗戎》（12e1–4）：Πειρῶ δὴ καὶ σὺ ἐμὲ οὕτω διδάξαι τὸ ποῖον μέρος τοῦ δικαίου ὅσιόν ἐστιν, ἵνα καὶ Μελήτῳ λέγωμεν μηκέθ' ἡμᾶς ἀδικεῖν μηδὲ ἀσεβείας γράφεσθαι, ὡς ἱκανῶς ἤδη παρὰ σοῦ μεμαθηκότας τά τε εὐσεβῆ καὶ ὅσια καὶ τὰ μή.［那么就请你试着这样教我，虔敬的东西是正当的东西的哪个部分，以便我们能对梅勒托斯说，别再对我们行不义，也不要起诉我们不敬神，因为我们已经从你那儿充分地学习了那些敬神的和虔敬的东西，以及那些不敬神的和不虔敬的东西。］

《斐洞》（118a7–8）：Ὦ Κρίτων, ἔφη, τῷ Ἀσκληπιῷ ὀφείλομεν ἀλεκτρυόνα· ἀλλὰ ἀπόδοτε καὶ μὴ ἀμελήσητε.［克里同啊，他说，我们欠阿斯克勒庇俄斯一只公鸡，那你们得还上，可别忘记了！］

《泰阿泰德》（150b6–c3）：{ΣΩ.} Τῇ δέ γ' ἐμῇ τέχνῃ τῆς μαιεύσεως τὰ μὲν ἄλλα ὑπάρχει ὅσα ἐκείναις, διαφέρει δὲ τῷ τε ἄνδρας ἀλλὰ μὴ γυναῖκας μαιεύεσθαι καὶ τῷ τὰς ψυχὰς αὐτῶν τικτούσας ἐπισκοπεῖν ἀλλὰ μὴ τὰ σώματα. μέγιστον δὲ τοῦτ' ἔνι τῇ ἡμετέρᾳ τέχνῃ, βασανίζειν δυνατὸν εἶναι παντὶ τρόπῳ πότερον εἴδωλον καὶ ψεῦδος ἀποτίκτει τοῦ νέου ἡ διάνοια ἢ γόνιμόν τε καὶ ἀληθές.［苏格拉底：但我的助产技艺在其他方面同那些产婆们的都一样，不同之处仅在于，一则为

男人们而不是为女人们助产，一则检查他们那进行生产的灵魂而不是身体。而在我们的技艺中最重要的是这点，即能够用一切办法来仔细检查年轻人的思想是在生产假象和错误呢，还是在生产硕果和真实。]

《政治家》（257d1-258a2）：Καὶ μὴν κινδυνεύετον, ὦ ξένε, ἄμφω ποθὲν ἐμοὶ συγγένειαν ἔχειν τινά. τὸν μέν γε οὖν ὑμεῖς κατὰ τὴν τοῦ προσώπου φύσιν ὅμοιον ἐμοὶ φαίνεσθαί φατε, τοῦ δ' ἡμῖν ἡ κλῆσις ὁμώνυμος οὖσα καὶ ἡ πρόσρησις παρέχεταί τινα οἰκειότητα. [而且似乎，客人啊，他俩都在某个方面同我有着某种家族关系。所以，无论如何你们都说，一个在相貌上显得同我相像，而另一个的称呼是与我们同名的，并且命名就提交出了某种亲属关系。]

3　吕西阿斯（Λυσίας, Lysias）是当时一位著名的演说家和修辞学家，目前归在他名下的演说辞有 35 篇。吕西阿斯一家是定居在雅典的意大利西西里移民，父亲叫克法洛斯（Κέφαλος, Kephalos），一个富有的商人；他还有两个兄弟，一个是波勒马尔科斯（Πολέμαρχος, Polemarchos），另一个是欧悌德谟斯（Εὐθύδημος, Euthydemos）。参见：

《斐德若》（227a2-4）：Παρὰ Λυσίου, ὦ Σώκρατες, τοῦ Κεφάλου, πορεύομαι δὲ πρὸς περίπατον ἔξω τείχους· συχνὸν γὰρ ἐκεῖ διέτριψα χρόνον καθήμενος ἐξ ἑωθινοῦ. [从吕西阿斯那儿来，苏格拉底，他是克法洛斯的儿子，不过，我正为了散步而前往城墙的外面；因为从清晨起我就一直坐着，在吕西阿斯那儿消磨了很长的时间。]

《政制》（328b4-8）：Ἦμεν οὖν οἴκαδε εἰς τοῦ Πολεμάρχου, καὶ Λυσίαν τε αὐτόθι κατελάβομεν καὶ Εὐθύδημον, τοὺς τοῦ Πολεμάρχου ἀδελφούς, ... ἦν δ' ἔνδον καὶ ὁ πατὴρ ὁ τοῦ Πολεμάρχου Κέφαλος. [于是，我们就动身前往波勒马尔科斯的家里，并且在那里碰到了吕西阿斯和欧悌德谟斯，他俩是波勒马尔科斯的兄弟，……而在屋内的还有波勒马尔科斯的父亲克法洛斯。]

4　τὰς ... μετὰ Σωκράτους διατριβὰς [同苏格拉底在一起的消磨时间]，有意依词源翻译，当然可以简单译为"同苏格拉底的讨论"。名词 διατριβή 由动词 διατρίβω 派生而来，而 διατρίβω 的词干是 τρίβω，其意思是"磨""揉"；因此，διατριβή 的原初意思就是"消磨时间"，转义为"娱乐""消遣""讨论""研究"，进而引申为专门从事哲学活动的"学校"。参见：

《欧悌弗戎》（2a1-3）：Τί νεώτερον, ὦ Σώκρατες, γέγονεν, ὅτι σὺ τὰς ἐν Λυκείῳ καταλιπὼν διατριβὰς ἐνθάδε νῦν διατρίβεις περὶ τὴν τοῦ βασιλέως στοάν; [嘿，苏格拉底，什么特别新奇的事情发生了，你放弃在吕克昂的溜达，此刻在这儿于国王执政官的门廊前徘徊？]

《苏格拉底的申辩》（33b9-c3）：Ἀλλὰ διὰ τί δή ποτε μετ' ἐμοῦ χαίρουσί

τινες πολὺν χρόνον διατρίβοντες; ἀκηκόατε, ὦ ἄνδρες Ἀθηναῖοι, πᾶσαν ὑμῖν τὴν ἀλήθειαν ἐγὼ εἶπον· ὅτι ἀκούοντες χαίρουσιν ἐξεταζομένοις τοῖς οἰομένοις μὲν εἶναι σοφοῖς, οὖσι δ' οὔ. [但是，究竟为何有些人高兴同我一起长期消磨时间呢？你们已经听过了，诸位雅典人啊，我已经把全部真相告诉了你们，那就是：他们喜欢听那些认为自己是智慧的，但其实不是智慧的人被盘问；因为这不是件不愉快的事情。]

《政治家》（283c3-6）：Πρῶτον τοίνυν ἴδωμεν πᾶσαν τήν τε ὑπερβολὴν καὶ τὴν ἔλλειψιν, ἵνα κατὰ λόγον ἐπαινῶμεν καὶ ψέγωμεν τὰ μακρότερα τοῦ δέοντος ἑκάστοτε λεγόμενα καὶ τἀναντία περὶ τὰς τοιάσδε διατριβάς. [那么，首先让我们看看一般说来的过度和不足，以便我们能够按照道理来赞扬和谴责下面这些事情，即关于这类讨论它们每次都比应有的说得更长及其反面。]

5 μὲν ... δέ 是固定搭配，根据上下文，意思是"一方面……另一方面……""虽然……但是……""……尽管"等。

6 ὑπερεπαινοῖ 是动词 ὑπερεπαινέω 的现在时祈愿式主动态第三人称单数。ὑπερεπαινέω 的本义是"过分称赞""过度表扬"，带有贬义，即得到的称赞或表扬超出了该得到的；但这里基于文义，看不出这一贬义的意味，故将之译为"高度称赞"。

7 特剌绪马科斯（Θρασύμαχος, Thrsymachos），来自希腊城市卡尔刻东（Χαλκηδών, Chalkedon）的一位修辞学家和智者，在《政制》第一卷中，曾同苏格拉底就"正义"展开过论辩。

8 由动词 σύνειμι 派生而来的名词 συνουσία 的本义是"交往"，但也专指"学生向老师的就教"。参见：

《斐洞》（83e1-3）：καὶ ἐκ τούτων ἄμοιρος εἶναι τῆς τοῦ θείου τε καὶ καθαροῦ καὶ μονοειδοῦς συνουσίας. [由于这些，它就无份同神性的东西、纯粹的东西和单一形相的东西交往。]

《泰阿泰德》（151a2-5）：οὕς, ὅταν πάλιν ἔλθωσι δεόμενοι τῆς ἐμῆς συνουσίας καὶ θαυμαστὰ δρῶντες, ἐνίοις μὲν τὸ γιγνόμενόν μοι δαιμόνιον ἀποκωλύει συνεῖναι, ἐνίοις δὲ ἐᾷ, καὶ πάλιν οὗτοι ἐπιδιδόασι. [这些人，每当他们返回后就恳求重新和我交往，并做出一些奇怪的事情来；出现在我身上的神迹，一方面阻止我同一些人交往，一方面又允许我同另一些人交往，并且这些人也重新取得了进步。]

《政治家》（258c8-9）：Εἴ τις ἀνέροιτο ἡμᾶς τὴν περὶ γράμματα συνουσίαν τῶν μανθανόντων. [如果有人询问我们一些正在学习的人就字母向老师的就教。]

9　ἀπεμνημόνευέ σοι［靠记忆向你复述］。ἀπεμνημόνευε 是动词 ἀπομνημονεύω
　　的未完成过去时直陈式主动态第三人称单数。ἀπομνημονεύω 的本义是"记
　　住"，在这里则指"靠记忆讲述""靠记忆复述"；《牛津希-英词典》（A
　　Greek-English Lexicon, H. G. Liddell and R. Scott, With a Revised Supplement.
　　Charendon Press · Oxford, 1996）对之的解释是: relate from memory。参见
　　《斐德若》（227d6-228a3）: Πῶς λέγεις, ὦ βέλτιστε Σώκρατες; οἴει με, ἃ Λυσίας
　　ἐν πολλῷ χρόνῳ κατὰ σχολὴν συνέθηκε, δεινότατος ὢν τῶν νῦν γράφειν, ταῦτα
　　ἰδιώτην ὄντα ἀπομνημονεύσειν ἀξίως ἐκείνου;［你为何这么说呢，最好的苏格拉
　　底啊？难道你认为，对于吕西阿斯花了很长时间从容地构思出来的那些——
　　他是现今这些人中最擅长写的——，像我这种普通人，竟然将以配得上他的
　　方式而靠记忆把它们复述出来？］

10　τοὺς ἐμοὶ περὶ σοῦ γενομένους λόγους πρὸς Λυσίαν［我关于你对吕西阿斯所说
　　的那些话］，也可以译为"我和吕西阿斯之间关于你所发生的谈话"。

11　τὰ μὲν ... τὰ δέ 是固定表达，意思是"在一些方面……在另一些方面""一
　　些……一些"。

12　καί 在这里表强调，而不是并列连词，故译为"甚至"。

13　μεμφόμενος ... μοι［对我不满］。μεμφόμενος 是动词 μέμφομαι 的现在时分词
　　阳性主格单数；μέμφομαι 的本义是"指责"，单独跟表人的与格，意思则
　　是"不满意""挑剔"；《牛津希-英词典》对它的这一用法的解释是: to be
　　dissatisfied with, find fault with。

　　　参见《斐德若》（234b1-5）: σὺ οὖν τῶν τε εἰρημένων μέμνησο καὶ
　　ἐκεῖνο ἐνθυμοῦ, ὅτι τοὺς μὲν ἐρῶντας οἱ φίλοι νουθετοῦσιν ὡς ὄντος κακοῦ τοῦ
　　ἐπιτηδεύματος, τοῖς δὲ μὴ ἐρῶσιν οὐδεὶς πώποτε τῶν οἰκείων ἐμέμψατο ὡς διὰ
　　τοῦτο κακῶς βουλευομένοις περὶ ἑαυτῶν.［因此，请你记住刚才已经说的这些，
　　并且也请你掂量一下这点，那就是：那些陷入爱中的人，其朋友们会由于
　　其所作所为是坏的而斥责他们；而那些没有陷入爱中的人，其亲属中没有
　　任何人曾因为下面这件事而对他们不满过，即他们由于这而对他们自己的
　　事情糟糕地做出了决定。］

14　προσποιούμενος ... μηδὲν φροντίζειν［佯装毫不在意］。προσποιούμενος 是动词
　　προσποιέω 的现在时分词中动态阳性主格单数；προσποιέω 本义是"给……
　　增添"，但其中动态则指"把不是自己的东西说成是自己的东西"，即"强
　　求""佯装""伪称"，跟不定式的意思是"佯装做……""假装做……"。
　　中性 μηδέν 在这里作副词使用，意思是"绝不""并不"；《牛津希-英词
　　典》对它的这一用法的解释是: not at all, by no means。φροντίζειν 是动词

φροντίζω 现在时不定式主动态，φροντίζω 的本义是"思考""审慎"，但也有"把……放在心上""对某事加以注意"等意思。

15 ἐπειδὴ καί[尤其因为]。καί 在这里仍表强调。

16 μόνω τυγχάνομεν ὄντε[恰好就我们两人是〈在这儿〉]，也可以简单译为"恰好只有我们两人"。动词 τυγχάνω 常作助动词使用，与分词连用，意思是"碰巧……""恰好……"；ὄντε 是 εἰμί[是]的现在时分词阳性主格双数，μόνω 是形容词 μόνος[唯一的 / 单独的]的阳性主格双数。

17 πρὸς σὲ φαύλως ἔχειν[我在贬低你]，也可以译为"我把你视为平庸的"。

18 οὐκ ὀρθῶς ἀκήκοας[你已经听到的那些是不正确的]，这是为了避免歧义而进行的意译，字面意思是"你已经听得不正确"。

19 μοι δίδως παρρησίαν[你允许我直言不讳]。δίδως 是动词 δίδωμι[给 / 准许 / 交出]的现在时直陈式主动态第二人称单数，类似的表达还有 λόγον τινὶ δίδωμι[允许某人发言]。名词 παρρησία 的本义是"言论自由""直言不讳""开诚布公"；但有时也作贬义理解，指"言语的放肆"。参见：

《拉刻斯》（188e5-189a1）：Σωκράτους δ' ἐγὼ τῶν μὲν λόγων οὐκ ἔμπειρός εἰμι, ἀλλὰ πρότερον, ὡς ἔοικε, τῶν ἔργων ἐπειράθην, καὶ ἐκεῖ αὐτὸν ηὗρον ἄξιον ὄντα λόγων καλῶν καὶ πάσης παρρησίας.[而对于苏格拉底的各种言论，我诚然是没有经验的，但以前，如看起来的那样，对他的各种行为则有所检验，并且在那里我发现他既是一个配得上他所说出的那些漂亮言辞的人，也是一个配得上完全开诚布公地进行讨论的人。]

《斐德若》（240e5-7）：εἰς δὲ μέθην ἰόντος πρὸς τῷ μὴ ἀνεκτῷ ἐπαισχεῖς, παρρησίᾳ κατακορεῖ καὶ ἀναπεπταμένῃ χρωμένου.[而当他变得酩酊大醉后，除了不可忍受之外还会感到羞耻，由于那人放纵他的舌头，肆无忌惮和厚颜无耻地胡言乱语。]

20 μὴ ὑπομένειν[不答应]，也可以译为"不顺从"。ὑπομένειν 是动词 ὑπομένω 的现在时不定式主动态；ὑπομένω 除了具有"待在某处""等候"的意思之外，也有"答应""顺从"等意思。

21 δῆλον ὡς[显而易见的是]是一个整体，在这里等于 δῆλον ὅτι。

22 κατὰ κράτος[竭尽全力]是词组，《牛津希-英词典》对之的解释是：with all one's might or strength。

23 ἀκούοις ἄν.[你只管听吧！/ 请你听！]ἀκούοις 是动词 ἀκούω 的现在时祈愿式主动态第二人称单数。祈愿式和 ἄν 连用，有时等于命令式，如 λέγοις ἂν τὴν δέησιν[你只管说出〈你的〉要求！/ 请你把〈你的〉要求说出来！]

参见《政治家》（269c3-d2）：{NE. ΣΩ.} Κάλλιστ' εἶπες, καὶ λέγε μηδὲν

ἐλλείπων. {ΞΕ.} Ἀκούοις ἄν. τὸ γὰρ πᾶν τόδε τοτὲ μὲν αὐτὸς ὁ θεὸς συμποδηγεῖ πορευόμενον καὶ συγκυκλεῖ, τοτὲ δὲ ἀνῆκεν, ὅταν αἱ περίοδοι τοῦ προσήκοντος αὐτῷ μέτρον εἰλήφωσιν ἤδη χρόνου, τὸ δὲ πάλιν αὐτόματον εἰς τἀναντία περιάγεται, ζῷον ὂν καὶ φρόνησιν εἰληχὸς ἐκ τοῦ συναρμόσαντος αὐτὸ κατ' ἀρχάς.［年轻的苏格拉底：你说得非常好，请继续说，而不要遗漏任何东西。客人：你只管听吧！神自己有时帮助引导这个宇宙行进，以及帮助它旋转，有时则让它自行其是——每当它的循环周期已经取得了属于它的时间尺度之后——；然后它又重新自动地朝反方向环行，因为它是一个活物，并已经通过抽签从最初把它拼合在一起的神那儿分得了明智。］

24 σοὶ συγγιγνόμενος［当同你在一起时］，也可以转译为"当向你求教时"。动词 συγγίγνομαι 的字面意思是"同……一起产生"，泛指"同……在一起""和……交往"，转义为"学生向老师求教"，进而喻为"熟悉……""精通……"，并要求与格。参见《斐洞》（61d6-7）：Τί δέ, ὦ Κέβης; οὐκ ἀκηκόατε σύ τε καὶ Σιμμίας περὶ τῶν τοιούτων Φιλολάῳ συγγεγονότες;［怎么回事，刻贝斯？你和西米阿斯不都曾求教于斐罗拉俄斯吗，难道关于这些事情你们没有听说过？］

25 παρὰ τοὺς ἄλλους ἀνθρώπους［超过其他〈所有〉人］。介词 παρά 跟宾格，有"超出""超过"的意思，如词组 παρὰ δύναμιν［超出能力之外］。

26 ὁπότε ἐπιτιμῶν τοῖς ἀνθρώποις［每当你谴责世人］。ἐπιτιμῶν 是动词 ἐπιτιμάω 的现在时分词主动态阳性主格单数。ἐπιτιμάω 既有"尊重"的意思，也有"指责""谴责"的意思；作后者解时，既可以要求宾格，也可以要求与格，这里出现的是与格复数 τοῖς ἀνθρώποις［世人 / 众人 / 人们］。

27 ἐπὶ μηχανῆς τραγικῆς θεός［在〈上演〉悲剧的舞台机关上面的一位神］。μηχανή 除了具有"办法""方法"的意思之外，还指"机械""机关""巧计"等；拉丁文的 machina 就源自该词，而它又构成了现代诸西语中"机械"一词的源头。μηχανή 在这里指"舞台机关""舞台装置""剧场设计"，通过它，扮演神的演员可以出现在空中；由此衍生出拉丁文成语 deus ex machina［从机关中来的一位神］。《牛津希-英词典》以柏拉图在这里的这个表达为例，对它的解释是：theatrical machine by which gods, etc., were made to appear in the air.

28 ὕμνεις［反反复复地讲］。动词 ὑμνέω 既有"歌颂""赞美"的意思，也有"反复地讲""重复地说"等意思，基于前面 407a6 那里的副词 πολλάκις［经常 / 多次］，以及后面 407e3 那里的副词 θαμά［经常 / 时常］，这里当取后一种意思。

29　ποῖ φέρεσθε［你们要往哪儿去］。φέρεσθε 在这里是动词 φέρω 的现在时直陈式被动态第二人称复数；φέρω 的本义是"携带""带到"等，但其被动态则具有"走""行进"等意思，《牛津希-英词典》对它这一用法的解释是：move, go。

30　τὴν πᾶσαν σπουδὴν ἔχετε［你们满怀热忱］，也可以译为"你们汲汲追求"或"你们非常地认真对待"，字面意思是"你们有着整个的热情"。

31　ὅπως ὑμῖν ἔσται［以便你们将拥有它们］，也可以按字面意思译为"以便它们将是你们的"。ὅπως 在这里是目的连接词；根据古希腊文法，连接词 ὅπως 引导目的从句时，如果先行句的动词用的是现在时，目的句的动词要么用现在时虚拟式，要么用将来时直陈式，这里用的是将来时直陈式。参见：

《斐德若》（252e2-5）：σκοποῦσιν οὖν εἰ φιλόσοφός τε καὶ ἡγεμονικὸς τὴν φύσιν, καὶ ὅταν αὐτὸν εὐρόντες ἐρασθῶσι, πᾶν ποιοῦσιν ὅπως τοιοῦτος ἔσται.［因此，他们考察他是否在本性上就是一个热爱智慧的人和一个适合当统帅的人，并且每当找到他，他们就会爱慕他，他们倾其所能地做一切事情，以便他将是这样的人。］

《伊翁》（530b2-3）：Εὖ λέγεις· ἄγε δὴ ὅπως καὶ τὰ Παναθήναια νικήσομεν.［好消息！那就来吧，以便我们在泛雅典娜节上也将得胜。］

32　ἐπιστήσονται χρῆσθαι δικαίως τούτοις［他们将知道如何以正义的方式使用这些东西］。单就这句话，也可以译为"他们将知道如何正当地使用这些东西""他们将知道如何以正当的方式使用它们"。χρῆσθαι 是动词 χράομαι 的现在时不定式，该动词要求与格作宾语，所以这里出现的是与格复数 τούτοις［这些东西］。动词 ἐπίσταμαι 除了具有"知道"的意思之外，如果它跟不定式，则指"知道如何〈做〉……""懂得如何〈做〉……""能够〈做〉……"。参见：

《斐洞》（108d5-9）：ὡς μέντοι ἀληθῆ, χαλεπώτερόν μοι φαίνεται ἢ κατὰ τὴν Γλαύκου τέχνην, καὶ ἅμα μὲν ἐγὼ ἴσως οὐδ' ἂν οἷός τε εἴην, ἅμα δέ, εἰ καὶ ἠπιστάμην, ὁ βίος μοι δοκεῖ ὁ ἐμός, ὦ Σιμμία, τῷ μήκει τοῦ λόγου οὐκ ἐξαρκεῖν.［但是，要证明它们是真的，在我看来这对于格劳科斯的技艺来说也太困难了。一方面我自己或许也不能做到，另一方面，即使我懂得如何证明，但在我看来，西米阿斯啊，我余下的生命也够不上讨论的长度了。］

《伊翁》（531b7-9）：Εἰ δὲ σὺ ἦσθα μάντις, οὐκ, εἴπερ περὶ τῶν ὁμοίως λεγομένων οἷός τ' ἦσθα ἐξηγήσασθαι, καὶ περὶ τῶν διαφόρως λεγομένων ἠπίστω ἂν ἐξηγεῖσθαι;［但如果你是一位预言家，假如对那些被他们说得一样的事情你真的能够进行解释，那么，关于那些被他们说得不一样的事情，你岂不

也会知道如何进行解释？〕

33　οὔτε διδασκάλους αὐτοῖς εὑρίσκετε τῆς δικαιοσύνης〔你们不仅没有为他们寻找那些〈传授〉正义的老师〕，法国布德本希腊文作：ἀμελεῖτε, καὶ οὔτε διδασκάλους αὐτοῖς εὑρίσκετε τῆς δικαιοσύνης〔你们却漫不经心，并且你们不仅没有为他们寻找那些〈传授〉正义的老师〕，这里的翻译从布德本。

34　μαθητός〔可学的〕，与之相对的是 μελετητός〔通过练习取得的 / 通过历练取得的〕和 ἀσκητός〔通过训练得到的〕；由前者而来的是 τέχνη〔技艺〕、ἐπιστήμη〔知识〕和 μέθοδος〔方法 / 研究〕，由后者而来的则是 ἐμπειρία〔经验〕。类似的表达可参见：

《高尔吉亚》（463b3-4）：οὐκ ἔστιν τέχνη ἀλλ' ἐμπειρία καὶ τριβή.〔不是一种技艺，而是一种经验和历练。〕

《斐德若》（260e4-5）：οὐκ ἔστι τέχνη ἀλλ' ἄτεχνος τριβή.〔不是一种技艺，而是一种缺乏技艺的历练。〕

《菲勒玻斯》（55e5-56a1）：Τὸ γοῦν μετὰ ταῦτ' εἰκάζειν λείποιτ' ἂν καὶ τὰς αἰσθήσεις καταμελετᾶν ἐμπειρίᾳ καί τινι τριβῇ, ταῖς τῆς στοχαστικῆς προσχρωμένους δυνάμεσιν ἃς πολλοὶ τέχνας ἐπονομάζουσι, μελέτῃ καὶ πόνῳ τὴν ῥώμην ἀπειργασμένας.〔在这之后，无论如何都只会剩下猜想以及通过经验和某种磨砺而来的对诸感觉的训练，当一些人进一步使用那善于猜中的技艺之各种能力时——许多人将这些能力称作技艺，但它们其实是通过练习和苦工才实现其力量的。〕

35　ὑμᾶς αὐτοὺς οὕτως ἐθεραπεύσατε〔以这种方式照护过你们自己〕，也可以译为"以这种方式关心过你们自己"。以上内容，可对观《苏格拉底的申辩》（29d7-e3）：Ὦ ἄριστε ἀνδρῶν, Ἀθηναῖος ὤν, πόλεως τῆς μεγίστης καὶ εὐδοκιμωτάτης εἰς σοφίαν καὶ ἰσχύν, χρημάτων μὲν οὐκ αἰσχύνῃ ἐπιμελούμενος ὅπως σοι ἔσται ὡς πλεῖστα, καὶ δόξης καὶ τιμῆς, φρονήσεως δὲ καὶ ἀληθείας καὶ τῆς ψυχῆς ὅπως ὡς βελτίστη ἔσται οὐκ ἐπιμελῇ οὐδὲ φροντίζεις;〔最优秀的人啊，你是雅典人，来自最伟大的、因智慧和力量而最为著名的城邦；如果你只是关心钱财对你来说将如何是尽可能地多，以及名声和尊荣，而既不关心也不在意明智和真，以及灵魂将如何是尽可能的好，那么对此你不感到羞愧吗？〕

36　μουσική 在这里取其广义，故不译为"音乐"，而译为"文艺"。在古代希腊，广义的 μουσική〔文艺〕同 γυμναστική〔体育〕相对，前者锻炼灵魂，后者锻炼身体。参见：

《克里同》（50d5-e1）：Ἀλλὰ τοῖς περὶ τὴν τοῦ γενομένου τροφήν τε καὶ παιδείαν ἐν ᾗ καὶ σὺ ἐπαιδεύθης; ἢ οὐ καλῶς προσέταττον ἡμῶν οἱ ἐπὶ τούτῳ τεταγμένοι νόμοι, παραγγέλλοντες τῷ πατρὶ τῷ σῷ σε ἐν μουσικῇ καὶ γυμναστικῇ παιδεύειν;[而你会责怪关于出生的抚养以及关于你也曾于其中被教育的那种教育的那些法律吗？或者我们中这些为此而被设立起来的法律，当它们要求你父亲在文艺和体育方面教育你时，它们未曾好好地下命令？]

《斐洞》（60e4-61a4）：ἦν γὰρ δὴ ἄττα τοιάδε· πολλάκις μοι φοιτῶν τὸ αὐτὸ ἐνύπνιον ἐν τῷ παρελθόντι βίῳ, ἄλλοτ' ἐν ἄλλῃ ὄψει φαινόμενον, τὰ αὐτὰ δὲ λέγον, "Ὦ Σώκρατες," ἔφη, "μουσικὴν ποίει καὶ ἐργάζου." καὶ ἐγὼ ἔν γε τῷ πρόσθεν χρόνῳ ὅπερ ἔπραττον τοῦτο ὑπελάμβανον αὐτό μοι παρακελεύεσθαί τε καὶ ἐπικελεύειν, ὥσπερ οἱ τοῖς θέουσι διακελευόμενοι, καὶ ἐμοὶ οὕτω τὸ ἐνύπνιον ὅπερ ἔπραττον τοῦτο ἐπικελεύειν, μουσικὴν ποιεῖν, ὡς φιλοσοφίας μὲν οὔσης μεγίστης μουσικῆς, ἐμοῦ δὲ τοῦτο πράττοντος.[事情其实是这样，在过去的一生中同一个梦经常造访我，虽然在不同的时候以不同的形象出现，但它总是说相同的事情；它说："苏格拉底啊，你要创作和耕耘文艺！"而在以往的时间里，我认为它不过是在激励和鞭策我做我已经在做的事情而已；就像人们鼓励那些奔跑的人一样，梦也同样在勉励我做我已经在做的事情，即创作文艺，因为热爱智慧就是最高的文艺，而我就在从事这件事。]

《伊翁》（530a5-7）：{ΣΩ.} Μῶν καὶ ῥαψῳδῶν ἀγῶνα τιθέασιν τῷ θεῷ οἱ Ἐπιδαύριοι; {ΙΩΝ.} Πάνυ γε, καὶ τῆς ἄλλης γε μουσικῆς.[苏格拉底：难道甚至连厄庇道洛斯人也为了神而在那些史诗朗诵者之间举办一场比赛？伊翁：完全如此，当然也还有其他的文艺比赛。]

《政制》（429e8-430a1）：ὅτε ἐξελεγόμεθα τοὺς στρατιώτας καὶ ἐπαιδεύομεν μουσικῇ καὶ γυμναστικῇ.[我们选择士兵，并用文艺和体育来教育他们。]

37　οὐδὲν ἧττον κακοὺς γιγνομένους περὶ τὰ χρήματα[在对待钱财〈的态度上〉你们并没有变得有丝毫的好转]，这是意译，字面意思是"在钱财方面你们依旧是坏的"。

38　οἵτινες ὑμᾶς παύσουσι ταύτης τῆς ἀμουσίας[任何能够使你们摆脱这种粗鄙的人]。动词 παύω 的本义是"终止""使停止"，同表人的宾格和表事的属格连用，意思则是"使某人摆脱某事""解除某人的某种东西"，如 παύω τινὰ τῆς ἀρχῆς[解除某人的职权]；所以这里分别出现的人称代词的复数宾格 ὑμᾶς[你们]和单数属格 ταύτης τῆς ἀμουσίας[这种粗鄙]。名词 ἀμουσία[粗鄙]，在词源上指"欠缺文艺修养""欠缺音乐修养"，转义为"粗鄙""粗俗"等。

39　πλημμέλεια[弹错曲调]，有意按词源翻译；πλημμέλεια 的词干是 μέλος[曲

调 / 歌曲]，本义是"走调""弹错曲调"，转义为"错误""失误"。

40 καὶ ἀδελφὸς ἀδελφῷ καὶ πόλεις πόλεσιν ἀμέτρως καὶ ἀναρμόστως προσφερόμεναι στασιάζουσι. [导致兄弟之于兄弟，以及一些城邦之于一些城邦——如果它们以一种无节奏的方式以及不和谐的方式打交道的话——反目成仇。] 柏拉图在这里的表达，可对观埃斯库罗斯《七将攻忒拜》(673–675)：τίς ἄλλος μᾶλλον ἐνδικώτερος; ἄρχοντί τ' ἄρχων καὶ κασιγνήτῳ κάσις, ἐχθρὸς σὺν ἐχθρῷ στήσομαι. [还有其他哪个人更为合适？ 我将是以统帅对统帅，兄弟对兄弟，敌人对敌人。]

　　προσφερόμεναι 在这里是动词 προσφέρω 的现在时分词被动态阴性主格复数，προσφέρω 的本义是"带去""放到……上面""送上"，但其被动态则具有"对待""和……打交道"等意思。参见：

　　《斐德若》(252d4–5)：τούτῳ τῷ τρόπῳ πρός τε τοὺς ἐρωμένους καὶ τοὺς ἄλλους ὁμιλεῖ τε καὶ προσφέρεται. [以这种方式来结交和对待那些被他所爱慕的人以及其他所有人。]

　　《卡尔米德斯》(165b5–7)：Ἀλλ', ἦν δ' ἐγώ, ὦ Κριτία, σὺ μὲν ὡς φάσκοντος ἐμοῦ εἰδέναι περὶ ὧν ἐρωτῶ προσφέρῃ πρός με, καὶ ἐὰν δὴ βούλωμαι, ὁμολογήσοντός σοι. [但是，我说道，克里提阿斯啊，一方面，你对待我，就好像我在声称就我所询问的那些事情我自己知道似的；并且好像如果我愿意，那么我也就会同意你似的。]

　　《吕西斯》(205b2–3)：ἵνα εἰδῶ τίνα τρόπον προσφέρῃ πρὸς τὰ παιδικά. [以便我知道你究竟在以何种方式同心上人打交道。]

41 形容词 ἥσσων 的本义是"较弱的""较差的"，但跟属格，意思是"屈从于……""臣服于……""做……的奴隶"；《牛津希-英词典》对它这一用法的解释是：giving way or yielding to a thing, a slave to ...。

42 ἐκ παντὸς τρόπου [基于每一种方式]，也可以转译为"在每一方面"。

43 ὁ λόγος αἱρεῖ [事情的道理都证明了]，这是固定表达，也可以简单译为"道理证明了"；动词 αἱρέω 的本义是"拿""取走""捕获""得到"，但同 ὁ λόγος 连用，则指"证明"。《牛津希-英词典》对 ὁ λόγος αἱρεῖ 的解释是：reason or the reason of the thing proves。

　　参见《菲勒玻斯》(35d5–6)：Διψῆν ἄρα ἡμῶν τὸ σῶμα ἢ πεινῆν ἤ τι τῶν τοιούτων πάσχειν οὐδαμῇ ὁ λόγος αἱρεῖ. [那么，事物的道理也就证明了，我们的身体在任何地方都不会遭受干渴、饥饿，或者诸如此类的任何事情。]

44 ἰδίᾳ θ' ἅμα καὶ δημοσίᾳ，单就该表达，意思是"无论是在私人方面还是在公共方面"。参见：

《苏格拉底的申辩》（30b2-4）：λέγων ὅτι 'Οὐκ ἐκ χρημάτων ἀρετὴ γίγνεται, ἀλλ' ἐξ ἀρετῆς χρήματα καὶ τὰ ἄλλα ἀγαθὰ τοῖς ἀνθρώποις ἅπαντα καὶ ἰδίᾳ καὶ δημοσίᾳ.'[我说：“德性不来自钱财，相反，钱财和所有其他的东西都基于德性才对人成为好的——无论是在私人方面还是在公共方面。”]

《斐德若》（244a8-b2）：ἥ τε γὰρ δὴ ἐν Δελφοῖς προφῆτις αἵ τ' ἐν Δωδώνῃ ἱέρειαι μανεῖσαι μὲν πολλὰ δὴ καὶ καλὰ ἰδίᾳ τε καὶ δημοσίᾳ τὴν Ἑλλάδα ἠργάσαντο.[因为，无论是在德尔斐的那位女先知，还是在多多纳的那些女祭司们，当她们处在迷狂中时，无论是在私人方面还是在公共方面，她们都为希腊成就出了许多美好的事情。]

45　ἐπιμέλειαν ποιέω 是词组，意思是“关心”“热衷于”“致力于”。

46　ταῦτ' οὖν[因此，就这些事情]，这里没有把 ταῦτ' οὖν 视为一个整体和词组。ταῦτ' οὖν 作为词组的意思是“因此”“所以”“就是因为这个缘故”，指示代词的中性复数 ταῦτα 作副词使用；《牛津希-英词典》对它的这一用法的解释是：therefore, that is why ...。

47　καὶ μάλα 是固定表达。καί 在这里不是并列连词，而是加强语气；μάλα 的意思是“很”“极其”“非常”，基于文义，这里整体地把 καὶ μάλα 意译为“由衷地”。参见：

《斐洞》（117c3-7）：Καὶ ἅμ' εἰπὼν ταῦτα ἐπισχόμενος καὶ μάλα εὐχερῶς καὶ εὐκόλως ἐξέπιεν. καὶ ἡμῶν οἱ πολλοὶ τέως μὲν ἐπιεικῶς οἷοί τε ἦσαν κατέχειν τὸ μὴ δακρύειν, ὡς δὲ εἴδομεν πίνοντά τε καὶ πεπωκότα, οὐκέτι.[说这些的同时他把杯子放到嘴边，非常从容和平静地一饮而尽。我们中的许多人在这之前还能够相当好地控制住不哭，但当我们看见他喝并且已经喝完了之后，就再也不能了。]

《斐德若》（265c3）：Καὶ μάλα ἔμοιγε οὐκ ἀηδῶς ἀκοῦσαι.[至少我能够听得非常愉快。]

《泰阿泰德》（142a8-b3）：{ΤΕΡ.} Ζῶντι ἢ τετελευτηκότι; {ΕΥ.} Ζῶντι καὶ μάλα μόλις· χαλεπῶς μὲν γὰρ ἔχει καὶ ὑπὸ τραυμάτων τινῶν, μᾶλλον μὴν αὐτὸν αἱρεῖ τὸ γεγονὸς νόσημα ἐν τῷ στρατεύματι.[特尔普西翁：那他活着，还是已经死了？欧几里德：非常勉强地活着；因为，他由于一些伤而情况糟糕，更为恼火的是，已经在军队里发生的疾病又感染了他。]

《政治家》（277d6-7）：Καὶ μάλ' ἀτόπως ἔοικά γε ἐν τῷ παρόντι κινήσας τὸ περὶ τῆς ἐπιστήμης πάθος ἐν ἡμῖν.[看来，我此刻相当奇特地搅动出了在我们身上关于知识所发生的事情。]

48　θαυμαστῶς ὡς[以不同寻常的方式/惊人地]是固定表达。

49　τὸ ἐφεξῆς τούτῳ［紧接着这点］。副词 ἐφεξῆς 的本义是"依次""相继"，但跟与格时，视为介词，意思是"紧接着……"，《牛津希-英词典》对之解释是：next to ...。

　　　　参见《菲勒玻斯》（34d8-9）：Ὀρθῶς ἠμύνω· τὸ δ᾽ ἐφεξῆς τούτοις πειρώμεθα λέγειν.［你反击得巧妙；不过，让我们现在尝试讨论一下紧接着这些的东西。］

50　ἕτερόν τι πράττειν τοιοῦτον［做另外一种诸如此类的事情］，即前面 407b1-2 那里说的：οὐδὲν τῶν δεόντων πράττοντες［那些应该做的事情，没有做其中的任何一件。］

51　τοῦ μὲν ἄρξοντος ἀμελεῖν, περὶ δὲ τὸ ἀρξόμενον ἐσπουδακέναι.［一方面，对那将进行统治的东西漠不关心，另一方面，对那将被统治的东西却充满了热忱。］ἄρξοντος ... ἀρξόμενον［将进行统治的东西……将被统治的东西］分别是动词 ἄρχω［统治］的将来时分词主动态单数和将来时分词被动态单数，之所以用将来时，是为了表达一种"应当""能够""必须"等意味。ἀμελεῖν 是动词 ἀμελέω［忽视 / 不关心］的现在时不定式；ἀμελέω 一般跟宾格，但也可以跟属格，所以这里出现的是单数属格 τοῦ ἄρξοντος［将进行统治的东西］。

　　　　对观《苏格拉底的申辩》（30a7-b4）：οὐδὲν γὰρ ἄλλο πράττων ἐγὼ περιέρχομαι ἢ πείθων ὑμῶν καὶ νεωτέρους καὶ πρεσβυτέρους μήτε σωμάτων ἐπιμελεῖσθαι μήτε χρημάτων πρότερον μηδὲ οὕτω σφόδρα ὡς τῆς ψυχῆς ὅπως ὡς ἀρίστη ἔσται, λέγων ὅτι 'Οὐκ ἐκ χρημάτων ἀρετὴ γίγνεται, ἀλλ᾽ ἐξ ἀρετῆς χρήματα καὶ τὰ ἄλλα ἀγαθὰ τοῖς ἀνθρώποις ἅπαντα καὶ ἰδίᾳ καὶ δημοσίᾳ.'［因为我四处转悠所做的无非是劝说你们中那些较年轻的人和比较年老的人，不要优先关心身体和钱财，也不要如汲汲关心灵魂将如何是尽可能的好那样去关心它们，我说："德性不来自钱财，相反，钱财和所有其他的东西都基于德性才对人成为好的——无论是在私人方面还是在公共方面。"］

52　形容词 κρεῖττον 除了具有"更强的""更有力的"等意思之外，也常用作形容词 ἀγαθός［好的］的比较级，即"更好的"。

53　καὶ δὴ καί 是固定表达，可以译为"当然""而"。

54　ἡσυχίαν ἄγειν［安息］是词组，也可以译为"保持平静"；《牛津希-英词典》对之解释是：keep quiet, be at peace or at rest。

55　διάγειν ... τὸν βίον 是一个整体和词组，意思是"度过一生""过活"。

56　τὰ πηδάλια τῆς διανοίας［思想的舵桨］，当然可以简单译为"思想之舵"。古代希腊的船有一对舵桨，故这里用的是复数 τὰ πηδάλια［舵桨］。参见《政治家》（272e3-6）：τότε δὴ τοῦ παντὸς ὁ μὲν κυβερνήτης, οἶον πηδαλίων οἴακος ἀφέμενος, εἰς τὴν αὐτοῦ περιωπὴν ἀπέστη, τὸν δὲ δὴ κόσμον πάλιν ἀνέστρεφεν εἱμαρμένη τε καὶ σύμφυτος ἐπιθυμία.[那时，一方面宇宙的舵手，就像放弃船舵的舵柄一样，站到了一边，回到了他自己的瞭望台，另一方面就宇宙而言，一种命定的和与生俱来的欲望再次使它反方向旋转。]

57 πολιτική[治邦的技艺]，单就这个词，也可以译为"治邦术"或"政治术"。

58 对观《政治家》(305b1–c7)：{ΞΕ.} Ἴθι δή, καὶ τὴν τῶν δικαστῶν τῶν ὀρθῶς δικαζόντων θεασώμεθα δύναμιν. {ΝΕ. ΣΩ.} Πάνυ μὲν οὖν. {ΞΕ.} Ἆρ' οὖν ἐπὶ πλέον τι δύναται τοῦ περὶ τὰ συμβόλαια πάνθ' ὁπόσα κεῖται νόμιμα παρὰ νομοθέτου βασιλέως παραλαβοῦσα, κρίνειν εἰς ἐκεῖνα σκοποῦσα τά τε δίκαια ταχθέντ' εἶναι καὶ ἄδικα, τὴν αὑτῆς ἰδίαν ἀρετὴν παρεχομένη τοῦ μήθ' ὑπό τινων δώρων μήθ' ὑπὸ φόβων μήτε οἴκτων μήθ' ὑπό τινος ἄλλης ἔχθρας μηδὲ φιλίας ἡττηθεῖσα παρὰ τὴν τοῦ νομοθέτου τάξιν ἐθέλειν ἂν τἀλλήλων ἐγκλήματα διαιρεῖν; {ΝΕ. ΣΩ.} Οὔκ, ἀλλὰ σχεδὸν ὅσον εἴρηκας ταύτης ἐστὶ τῆς δυνάμεως ἔργον. {ΞΕ.} Καὶ τὴν τῶν δικαστῶν ἄρα ῥώμην ἀνευρίσκομεν οὐ βασιλικὴν οὖσαν ἀλλὰ νόμων φύλακα καὶ ὑπηρέτιν ἐκείνῃ.[客人：那就来吧！也让我们看看那些正确地进行判决的陪审员们的能力。年轻的苏格拉底：当然。客人：那么，它还能够比下面这样更多地做某件事吗，那就是：就各种契约，当它从一位进行立法的国王那里接受所有那些被制定为法定的东西之后，就通过着眼于那些法定的东西来判决各种被规定为是正当的和不正当的事情；它通过提交出它自己的德性——既不屈服于各种各样的贿赂或恐惧，也不被一些怜悯之情所打动，或被任何其他的，无论是仇恨还是喜爱所左右——，不愿意违背立法者的安排来对双方的控诉做出决定？年轻的苏格拉底：不会，而你已经说的所有这些，差不多就是这种能力的工作。客人：因此，我们也发现陪审员们的力量不是王者的力量，而是法律的看守者和那种力量的婢女。]

59 πάντων ἑαυτοῦ δεῖ μάλιστα ἐπιμελεῖσθαι[在所有事情中一个人应当最为关心他自己]，也可以简单译为"一个人尤其应当关心他自己"。如果把πάντων ... μάλιστα 视为一个整体，也可以译为"一个人毫无疑问应当关心他自己。"πάντων μάλιστα 是固定表达，在对话中表最高程度的肯定回答。参见：

《卡尔米德斯》(156c8–9)：Οὐκοῦν καλῶς σοι δοκεῖ λέγεσθαι καὶ ἀποδέχῃ τὸν λόγον; Πάντων μάλιστα, ἔφη.[那么，在你看来说得正确，并且你会接受该说法吗？毫无疑问，他说。]

《吕西斯》(205e1)：Πάντων μάλιστα, εἶπον, εἰς σὲ τείνουσιν αὗται αἱ ᾠδαί.[毫无疑问，我说道，这些歌曲应当针对你自己。]

60 希腊语的 ἀτεχνῶς 和 ἀτέχνως 是两个不同的副词，仅仅重音不同。前者来自形容词 ἀτεχνής，后者来自形容词 ἄτεχνος。尽管 ἄτεχνος 和 ἀτεχνής 是同义词，都是由 τέχνη[技艺]加上褫夺性的前缀 ἀ-构成，但由前者派生出来的副词 ἀτέχνως 的意思是"粗糙地""笨拙地""无技艺地"；由后者派生出来的副词 ἀτεχνῶς 的意思则是"完完全全地""真正地""直截了当地"，如 ἀτεχνῶς ξένως ἔχω[我完完全全是个异邦人]。

61 προσεῖχον τὸν νοῦν[我很留意]。προσεῖχον 是动词 προσέχω 的未完成过去时直陈式主动态第一人称单数。προσέχω 的本义是"带给""献上"，同名词 νόος[思想/理智/努斯]构成词组，προσέχω τὸν νοῦν 的字面意思是"把思想转向……""把注意力集中到……"，喻为"留意""注意""当心"。

62 συνεπιθυμητής[有着同样追求的人]，字面意思是"有着同样欲望的人"。《牛津希-英词典》举了柏拉图在这里的这个表达，对之解释是：one of the same desires。

63 τοὺς τί μάλιστα εἶναι δοξαζομένους ὑπὸ σοῦ[那些被你认为最为是一个人物的人]，当然可以简单意译为"那些被你高度评价的人"。这句话中的 τοὺς τί，法国布德本希腊文作 τούς τι；从布德本。

64 κατὰ σὲ τρόπον τινὰ ὑποτείνων αὐτοῖς[如你一样以某种方式向他们提问]。κατὰ σέ 是一个整体，意思是"如你一样"。τρόπον τινά 是一个整体和固定表达，意思是"以某种方式""在某种方式上"；《牛津希-英词典》对之解释是：in a manner。参见《斐洞》(99e6-100a1)：ἴσως μὲν οὖν ᾧ εἰκάζω τρόπον τινὰ οὐκ ἔοικεν.[然而，或许我所打的这个比方在某种方式上并不恰当。]ὑποτείνων 是动词 ὑποτείνω 的现在时分词主动态阳性主格单数；ὑποτείνω 的本义是"在下面伸展"，转义为"答应""许诺""提问"，并要求与格作宾语，所以这里出现的是与格复数 αὐτοῖς[他们]。

65 动词 ἀποδέχομαι 的本义是"接受""认可"，转义为"理解""领会"。根据上下文，这里显然不是在"同意""认可"意义上的"接受"，所以我将之译为"领会"。参见《斐洞》(89a1-7)：ἀλλὰ ἔγωγε μάλιστα ἐθαύμασα αὐτοῦ πρῶτον μὲν τοῦτο, ὡς ἡδέως καὶ εὐμενῶς καὶ ἀγαμένως τῶν νεανίσκων τὸν λόγον ἀπεδέξατο, ἔπειτα ἡμῶν ὡς ὀξέως ᾔσθετο ὃ ʼπεπόνθεμεν ὑπὸ τῶν λόγων, ἔπειτα ὡς εὖ ἡμᾶς ἰάσατο καὶ ὥσπερ πεφευγότας καὶ ἡττημένους ἀνεκαλέσατο καὶ προύτρεψεν πρὸς τὸ παρέπεσθαί τε καὶ συσκοπεῖν τὸν λόγον. [但我的确最为对他感到惊讶的是：首先一点，他是多么喜悦、友好和赞许地领会了这两位年轻人的说法；其次，他何等敏锐地感觉到了我们被他俩

的那些说法所影响；再次，他是多么好地医治了我们和召唤了我们——就像召唤那些已经溃逃和屈服的队伍似的——，激励我们与之随行并一道考察他的那种说法。]

66　ἐπεξελθεῖν δὲ οὐκ ἔνι τῷ πράγματι [而不可能进一步追踪事情]。这句话中的 ἔνι，斯林斯（S. R. Slings）将之校订为 ὄν，从之；参见 S. R. Slings, *Plato: Clitophon, Edited with Indroduction, Translation and Commentary.* Cambridge University Press (1999).

67　τί τοὐντεῦθεν; [此后的事情是什么呢？] 也可以转译为 "接下来要做什么呢？" τοὐντεῦθεν 是 τὸ ἐντεῦθεν 的缩合。副词 ἐντεῦθεν 既可以表地点，也可以表时间。如果表地点，意思是 "从这儿"；如果表时间，则意味着 "此后""以后"，这里显然是后一种意思。

68　ἄρχεσθαι ... δικαιοσύνης πέρι μαθήσεως [开始一种关于正义的学习]。ἄρχεσθαι 动词 ἄρχω [开始] 的现在时不定式中动态，该动词要求属格，例如，ἄρχειν πολέμοιο [开始战斗]，所以这里出现的是属格单数 μαθήσεως [一种学习]。

69　ὡς βέλτιστον [尽可能地好]。ὡς 加形容词最高级，意思是 "尽可能……"。

70　καὶ ταῦτα οὖσαν [即使〈诸如技艺或方法〉这样的东西就是〈在那里〉]，也可以译为 "即使有着〈诸如技艺或方法〉这样的东西"。

71　λεγέσθω μόνον. [只管让它被说出来！] λεγέσθω 是动词 λέγω [说] 的现在时命令式被动态第三人称单数，当然也可以转译为主动态形式 "只管把它说出来！"

72　τὸ μέν ... τὸ δέ [一方面……另一方面] 是固定表达。

73　τῆς τέχνης δὲ τῆς διδασκούσης τε καὶ διδασκομένης ἔργον [那既进行教又被教的技艺之业绩]。ἔργον [业绩]，也可以译为 "工作""产物"。

74　对观《卡尔米德斯》（166a3-5）：Καὶ ἐγὼ εἶπον ὅτι Ἀληθῆ λέγεις· ἀλλὰ τόδε σοι ἔχω δεῖξαι, τίνος ἐστὶν ἐπιστήμη ἑκάστη τούτων τῶν ἐπιστημῶν, ὃ τυγχάνει ὂν ἄλλο αὐτῆς τῆς ἐπιστήμης. [于是我说道，你说得正确；不过我能够对你指出下面这点，那就是：这些知识中的每一门各自是关于什么东西的知识，而那种东西恰好是异于这门知识本身的。]

75　δίδαγμα [教导]，也可以译为 "学说""准则"。

76　ἔστω 是动词 εἰμί 的现在时命令式第三人称单数，在问答或辩论中的意思是 "让……被认可""姑且同意"；《牛津希-英词典》对 εἰμί 的这一使用的解释是：let it be granted. 参见：

　　《菲勒玻斯》（28a3-4）：τούτω δή σοι τῶν ἀπεράντων γε γένους ἔστων. [那么，就让我们暂且同意你，快乐和痛苦这两者属于那些走不到尽头的东西吧！]

《政治家》（258e6-7）：Ἔστω σοι ταῦθ' ὡς μιᾶς ἐπιστήμης τῆς ὅλης εἴδη δύο.［那就姑且同意你把这两者作为单一整体的知识的两种形式。］

77　τὸ συμφέρον［利益］。动词 συμφέρω 的本义是"收集""聚集"，作为不及物的无人称动词的意思则是"对……有利的""对……恰当的""对……有好处的"。其现在时中性分词 τὸ συμφέρον 的意思是"利益""好处"；《牛津希-英词典》对它的解释是：use, profit, advantage。

78　ἐπανήειν［我再次接过话题］，这是意译。ἐπανήειν 是动词 ἐπάνειμι 的未完成过去时直陈式主动态第一人称单数；ἐπάνειμι 的本义是"回去""返回"，在说话中表"回到某个地方开始一个新的问题"。

79　动词 τείνω 的本义是"伸展""铺展开"，喻为"旨在""涉及""针对""关系到"。

80　参见《泰阿泰德》（146e1-2）：Τί δ' ὅταν τεκτονικήν; μή τι ἄλλο ἢ ἐπιστήμην τῆς τῶν ξυλίνων σκευῶν ἐργασίας;［然后呢，每当你说木匠的技艺时？你也没有宣称别的什么，而只是在宣称一种关乎木制器具的做工的知识吗？］

81　τελευτῶν 是动词 τελευτάω［完成/结束］的现在时分词，作副词使用，意思是"最后""最终"。《牛津希-英词典》对它的解释是：at the end, at last。参见：

　　《苏格拉底的申辩》（22c9）：Τελευτῶν οὖν ἐπὶ τοὺς χειροτέχνας ἦα.［于是，最后我前往了一些手艺人那儿。］

　　《伊翁》（541e6-542a1）：ἀλλὰ ἀτεχνῶς ὥσπερ ὁ Πρωτεὺς παντοδαπὸς γίγνῃ στρεφόμενος ἄνω καὶ κάτω, ἕως τελευτῶν διαφυγών με στρατηγὸς ἀνεφάνης, ἵνα μὴ ἐπιδείξῃς ὡς δεινὸς εἶ τὴν περὶ Ὁμήρου σοφίαν.［而你完全就像普洛透斯，通过来来回回地兜圈子而变成五花八门的样子，直到最终你通过表现成一位将军来逃避，为了不展示在关于荷马的智慧方面你是多么的高明。］

82　ὃς δὴ κομψότατα ἔδοξεν εἰπεῖν［而他事实上看起来也说得非常地巧妙］，之所以这么翻译，形容词最高级中性复数 κομψότατα［最巧妙的/最精致的］在这里作副词使用，修饰和限定动词不定式 εἰπεῖν［说］。

83　φιλία［友爱］，也可以译为"友谊"。

84　对观《拉刻斯》（197a6-197c4）：Οὐ γάρ τι, ὦ Λάχης, ἔγωγε ἀνδρεῖα καλῶ οὔτε θηρία οὔτε ἄλλο οὐδὲν τὸ τὰ δεινὰ ὑπὸ ἀνοίας μὴ φοβούμενον, ἀλλ' ἄφοβον καὶ μῶρον· ἢ καὶ τὰ παιδία πάντα οἴει με ἀνδρεῖα καλεῖν, ἃ δι' ἄνοιαν οὐδὲν δέδοικεν; ἀλλ' οἶμαι τὸ ἄφοβον καὶ τὸ ἀνδρεῖον οὐ ταὐτόν ἐστιν. ἐγὼ δὲ ἀνδρείας μὲν καὶ προμηθίας πάνυ τισὶν ὀλίγοις οἶμαι μετεῖναι, θρασύτητος δὲ καὶ τόλμης καὶ τοῦ ἀφόβου μετὰ ἀπρομηθίας πάνυ πολλοῖς καὶ ἀνδρῶν καὶ γυναικῶν καὶ παίδων καὶ θηρίων. ταῦτ' οὖν ἃ σὺ καλεῖς ἀνδρεῖα καὶ οἱ πολλοί, ἐγὼ θρασέα καλῶ, ἀνδρεῖα δὲ τὰ φρόνιμα περὶ ὧν λέγω.［无论如何，拉刻斯啊，我都肯定既不会把那些野兽称作是勇敢的，也不会把其他任何由于缺乏理解力而不畏惧那些可怕的事情的生类称作是勇敢的，而是将之称作是不知畏惧的和愚蠢的。或者，你竟然会认为我也把所有那些因缺乏理解力而无所害怕的孩子称作是勇敢的吗？相反，我认为不知畏惧和勇敢不是同一回事。而就勇敢和先见之明，我认为只有很少的人才分得它们；但伴随缺乏先见之明而来的鲁莽、大胆和不知畏惧，很多人都分得了它们，无论是男人，还是妇女和孩子，还是野兽。因此，你和许多人称之为是勇敢的那些行为，我称之为是鲁莽的，而勇敢的行为是我正在谈论的那些明智的行为。］

85　τὰ πλείω 是一个整体和固定表达，意思是"更多地""大多"。

86　τὴν δὲ ὄντως καὶ ἀληθῶς φιλίαν［那在是的方式上和真的方式上是友爱的〈那种友爱〉〕。ὄντως 由 εἰμί / εἶναι 的分词变来的副词，等于 τῷ ὄντι，字面意思是"以是的方式是着""在是的方式上是着"，转义为"真正地""实实在在地"。参见：

《斐德若》（247c3-d1）：Τὸν δὲ ὑπερουράνιον τόπον οὔτε τις ὕμνησέ πω τῶν τῇδε ποιητὴς οὔτε ποτὲ ὑμνήσει κατ' ἀξίαν. ἔχει δὲ ὧδε – τολμητέον γὰρ οὖν τό γε ἀληθὲς εἰπεῖν, ἄλλως τε καὶ περὶ ἀληθείας λέγοντα – ἡ γὰρ ἀχρώματός τε καὶ ἀσχημάτιστος καὶ ἀναφὴς οὐσία ὄντως οὖσα, ψυχῆς κυβερνήτῃ μόνῳ θεατὴ νῷ, περὶ ἣν τὸ τῆς ἀληθοῦς ἐπιστήμης γένος, τοῦτον ἔχει τὸν τόπον.［但那超越诸天的地方，在我们这儿的那些诗人中，既没有哪位曾经歌颂过它，也将永不会有哪位配得上歌颂它。它其实是这样——因为，一个人无论如何都必须敢于说出真相，尤其是当他在谈论真的时候——：在那儿无疑无色的、无形的、不可触摸的所是以是的方式是着，它仅仅对于灵魂的舵手，即理智来说是可见的，真正的知识之家族就是关于它的，这种所是占据着这个地方。］（247d5-e4）：ἐν δὲ τῇ περιόδῳ καθορᾷ μὲν αὐτὴν δικαιοσύνην, καθορᾷ δὲ σωφροσύνην, καθορᾷ δὲ ἐπιστήμην, οὐχ ᾗ γένεσις πρόσεστιν, οὐδ' ἥ ἐστίν που ἑτέρα ἐν ἑτέρῳ οὖσα ὧν ἡμεῖς νῦν ὄντων καλοῦμεν, ἀλλὰ τὴν ἐν τῷ ὅ ἐστιν ὂν ὄντως ἐπιστήμην οὖσαν· καὶ τἆλλα ὡσαύτως τὰ ὄντα ὄντως θεασαμένη καὶ ἑστιαθεῖσα, δῦσα πάλιν εἰς τὸ εἴσω τοῦ οὐρανοῦ, οἴκαδε ἦλθεν.［在它的这种周行中，灵魂的思想瞥见了正义本身，瞥见到了节制，瞥见到了知识，只不过这种知识既不是某种生成附着在其上的那种知识，也肯定不是在不同的东西——我们现在称之为是者——中总是不同的那种知识，而是以是的方式是在以是的方式是其所是的是者中的知识。并且当它以同样的方式凝

望到了和尽情享用了其他那些以是的方式是着的东西之后，它就通过再次沉潜到天宇的里面，动身回到家里。]

《智者》（231b9-c2）：Λεγέσθω μέν· ἀπορῶ δὲ ἔγωγε ἤδη διὰ τὸ πολλὰ πεφάνθαι, τί χρή ποτε ὡς ἀληθῆ λέγοντα καὶ διισχυριζόμενον εἰπεῖν ὄντως εἶναι τὸν σοφιστήν.［那就让它这样被说吧！但由于智者表现得如此多端，我的确已经困惑了，即究竟应该如何如讲和自信地断定真的东西那样说出智者在是的方式上是什么。]（240b12-13）：Οὐκ ὂν ἄρα [οὐκ] ὄντως ἐστὶν ὄντως ἦν λέγομεν εἰκόνα;［因此，尽管它不以是的方式是着，却又以是的方式是我们称之为影像的那种东西吗？]（248a10-13）：Καὶ σώματι μὲν ἡμᾶς γενέσει δι' αἰσθήσεως κοινωνεῖν, διὰ λογισμοῦ δὲ ψυχῇ πρὸς τὴν ὄντως οὐσίαν, ἣν ἀεὶ κατὰ ταὐτὰ ὡσαύτως ἔχειν φατέ, γένεσιν δὲ ἄλλοτε ἄλλως.［并且我们借助身体通过各种感觉同生成相结合，而借助灵魂通过计算同以是的方式是着的所是相结合；你们宣称，所是总是恒常地保持着同一，而生成则因时而异。]（263d1-4）：Περὶ δὴ σοῦ λεγόμενα, <λεγόμενα> μέντοι θάτερα ὡς τὰ αὐτὰ καὶ μὴ ὄντα ὡς ὄντα, παντάπασιν [ὡς] ἔοικεν ἡ τοιαύτη σύνθεσις ἔκ τε ῥημάτων γιγνομένη καὶ ὀνομάτων ὄντως τε καὶ ἀληθῶς γίγνεσθαι λόγος ψευδής.［于是，关于你的一些东西虽然被说了，然而一些异的东西被说成同的东西，一些不是着的东西被说成是着的东西，那么，产生自动词和名词的这样一种联结，似乎就在是的方式上和真的方式上完全变成了一种假的言说。]

《政治家》（276e10-13）：Καὶ τὴν μέν γέ που τῶν βιαίων τυραννικήν, τὴν δὲ ἑκούσιον καὶ ἑκουσίων διπόδων ἀγελαιοκομικὴν ζῴων προσειπόντες πολιτικήν, τὸν ἔχοντα αὖ τέχνην ταύτην καὶ ἐπιμέλειαν ὄντως ὄντα βασιλέα καὶ πολιτικὸν ἀποφαινώμεθα;［并且如果我们当真把那些暴力的人的技艺称为僭主术，而把关于那些心甘情愿的两足动物的心甘情愿的畜牧术称为政治术，那么，我们复又能够把那拥有这种技艺和关心的人展露为是在是的方式上是着的国王和政治家吗？]

《蒂迈欧》（27d5-28a4）：Ἔστιν οὖν δὴ κατ' ἐμὴν δόξαν πρῶτον διαιρετέον τάδε· τί τὸ ὂν ἀεί, γένεσιν δὲ οὐκ ἔχον, καὶ τί τὸ γιγνόμενον μὲν ἀεί, ὂν δὲ οὐδέποτε; τὸ μὲν δὴ νοήσει μετὰ λόγου περιληπτόν, ἀεὶ κατὰ ταὐτὰ ὄν, τὸ δ' αὖ δόξῃ μετ' αἰσθήσεως ἀλόγου δοξαστόν, γιγνόμενον καὶ ἀπολλύμενον, ὄντως δὲ οὐδέποτε ὄν.［根据我的意见首先必区分下面这点，那就是，什么是那永恒是着的、没有生成的东西，以及什么是那一方面总是生成出来的、另一方面永不是着的东西？那必须在思想中借助逻各斯而被把握的东西，是始终自我同一地是着的东西；而那在意见中借助无逻各斯的感觉而被以为的东西，

则是既生成出来又会毁灭的东西，永远不会以是的方式是着。]

87 ὁμόνοια 的字面意思就是"一条心"，转义为"和睦""一致"。参见《政治家》（311b7-c6）：Τοῦτο δὴ τέλος ὑφάσματος εὐθυπλοκίᾳ συμπλακὲν γίγνεσθαι φῶμεν πολιτικῆς πράξεως τὸ τῶν ἀνδρείων καὶ σωφρόνων ἀνθρώπων ἦθος, ὁπόταν ὁμονοίᾳ καὶ φιλίᾳ κοινὸν συναγαγοῦσα αὐτῶν τὸν βίον ἡ βασιλικὴ τέχνη, πάντων μεγαλοπρεπέστατον ὑφασμάτων καὶ ἄριστον ἀποτελέσασα [ὥστ' εἶναι κοινόν] τούς τ' ἄλλους ἐν ταῖς πόλεσι πάντας δούλους καὶ ἐλευθέρους ἀμπίσχουσα, συνέχῃ τούτῳ τῷ πλέγματι, καὶ καθ' ὅσον εὐδαίμονι προσήκει γίγνεσθαι πόλει τούτου μηδαμῇ μηδὲν ἐλλείπουσα ἄρχῃ τε καὶ ἐπιστατῇ. [那么，让我们说，这成为了政治家的行为所织成的东西之完成：通过均匀的编织，那些勇敢的人的品质和节制的人的品质被编织在了一起，每当凭借一条心和友爱，王者的技艺已经把他们两者的生活一起带入到一个共同体中，并由此做成了所有织成的东西中那最华丽的和最美好的——至少是就一件共同的织物而言——，从而通过用这件织物包裹住城邦中的其他所有人——无论是奴隶，还是自由人——，来把他们连在一起，并且就与一个城邦要成为幸福的相适合所能达到的程度而言，它会在任何方面都不遗漏任何属于这点的东西的情况下来进行统治以及进行监管。]

88 希腊文方括号中的并列连词 καί，伯内特认为是窜入，法国布德本希腊文同样如此。

89 ἀποροῦντες[我们走投无路]，有意按词源翻译，当然可以转译为"我们陷入困惑中""我们感到不知所措"等。ἀποροῦντες 是动词 ἀπορέω 的现在时分词主动态阳性主格复数。动词 ἀπορέω 派生自形容词 ἄπορος，由褫夺性前缀 ἀ[无]和 πόρος[通路/道路]构成，即"走投无路"。

90 ἐπιπλήττειν ... αὐτῷ[斥责他]。动词 ἐπιπλήσσω[斥责]既可以跟宾格，也可以跟与格，如《伊利亚特》（12.211）：Ἕκτορ, ἀεὶ μέν πώς μοι ἐπιπλήσσεις.[赫克托尔，你无论如何都总是要斥责我。]这里跟的是与格 αὐτῷ[他]。

　　参见《泰阿泰德》（158a8-9）：Ἐγὼ μέν, ὦ Σώκρατες, ὀκνῶ εἰπεῖν ὅτι οὐκ ἔχω τί λέγω, διότι μοι νυνδὴ ἐπέπληξας εἰπόντι αὐτό. [苏格拉底啊，我害怕说我没有什么要说的，因为你刚才就因我说了它而责备过我。]（197a1-3）：οἷος ἀνὴρ εἰ καὶ νῦν παρῆν, τούτων τ' ἂν ἔφη ἀπέχεσθαι καὶ ἡμῖν σφόδρ' ἂν ἃ ἐγὼ λέγω ἐπέπληττεν. [如果这种人现在就在场，那么他肯定会说要避开这些语词，并且用我刚才说的那些话严厉地斥责我们。]

91 参见《泰阿泰德》（200c3-4）：καὶ οὕτω δὴ ἀναγκασθήσεσθε εἰς ταὐτὸν περιτρέχειν μυριάκις οὐδὲν πλέον ποιοῦντες;[而这样一来，你们岂不将被迫无

数次地在同一个地方跑圈，根本无法走到更远？]

《欧悌弗戎》（15b7–c1）：Θαυμάση οὖν ταῦτα λέγων ἐάν σοι οἱ λόγοι φαίνωνται μὴ μένοντες ἀλλὰ βαδίζοντες, καὶ ἐμὲ αἰτιάση τὸν Δαίδαλον βαδίζοντας αὐτοὺς ποιεῖν, αὐτὸς ὢν πολύ γε τεχνικώτερος τοῦ Δαιδάλου καὶ κύκλῳ περιιόντα ποιῶν; ἢ οὐκ αἰσθάνη ὅτι ὁ λόγος ἡμῖν περιελθὼν πάλιν εἰς ταὐτὸν ἥκει; [那么，假如你这样说的话，这些说法就显得对你停留不下来，而是在漫游，你对此不感到吃惊吗？并且你还要指责我是使它们漫游的代达罗斯，其实你自己比代达罗斯有技艺多了，让它们兜圈子。或者你没有感觉到我们的说法绕了一圈之后再次来到了同样的地方？]

92　ἔχουσι λέγειν [它们能够说出] 是一个整体。动词 ἔχω [有] 跟不定式，表"能够……""有能力……"。

93　ὅποι τείνουσά ἐστιν [它所旨在的东西]，单就这句话也可以译为"它旨在何者"。τείνουσα 是动词 τείνω [涉及 / 旨在] 的现在时分词主动态阴性主格单数；εἰμί 的各种形式与动词的分词，尤其是完成时分词连用，构成一种委婉或迂回的表达。参见：

《卡尔米德斯》（153d3–5）：περί τε τῶν νέων, εἴ τινες ἐν αὐτοῖς διαφέροντες ἢ σοφίᾳ ἢ κάλλει ἢ ἀμφοτέροις ἐγγεγονότες εἶεν. [关于年轻人，是否在他们中间已经出现了一些人，他们或者凭借智慧，或者由于俊美，或者在这两方面都出类拔萃。]

《拉刻斯》（185b3–4）：ἆρ' οὐχ ὁ μαθὼν καὶ ἐπιτηδεύσας, ᾧ καὶ διδάσκαλοι ἀγαθοὶ γεγονότες ἦσαν αὐτοῦ τούτου; [难得不是已经学习并从事过它，并且恰恰在这方面的一些优秀者已经成为了其老师的那个人吗？]

《伊翁》（536b1–4）：ἐκ δὲ τούτων τῶν πρώτων δακτυλίων, τῶν ποιητῶν, ἄλλοι ἐξ ἄλλου αὖ ἠρτημένοι εἰσὶ καὶ ἐνθουσιάζουσιν, οἱ μὲν ἐξ Ὀρφέως, οἱ δὲ ἐκ Μουσαίου· οἱ δὲ πολλοὶ ἐξ Ὁμήρου κατέχονταί τε καὶ ἔχονται. [但就依赖这些最初的环，即依赖诗人们来说，一些人复又依赖这个诗人，另一些人则依赖那个诗人，并且通过他从神那里得到灵感：一些人依赖俄耳甫斯，一些人则依赖穆塞俄斯；但多数人从荷马那里被神附体和占有。]

《斐德若》（262d2–5）：καὶ ἔγωγε, ὦ Φαῖδρε, αἰτιῶμαι τοὺς ἐντοπίους θεούς· ἴσως δὲ καὶ οἱ τῶν Μουσῶν προφῆται οἱ ὑπὲρ κεφαλῆς ᾠδοὶ ἐπιπεπνευκότες ἂν ἡμῖν εἶεν τοῦτο τὸ γέρας. [至于我，斐德若啊，我肯定会将之归因于本地的一些神；但也许还有缪斯们的一些代言人——即头顶上的那些歌唱者——，它们或许已经把这奖品吹拂给了我们。]

《政制》（492a5–7）：ἢ καὶ σὺ ἡγῇ, ὥσπερ οἱ πολλοί, διαφθειρομένους τινὰς εἶναι ὑπὸ σοφιστῶν νέους. [或者就像众人一样，你也认为一些年轻人已经被智者们给败坏了。]

《政治家》（257a6–8）：οὕτω τοῦτο, ὦ φίλε Θεόδωρε, φήσομεν ἀκηκοότες εἶναι τοῦ περὶ λογισμοὺς καὶ τὰ γεωμετρικὰ κρατίστου; [那么，亲爱的忒俄多洛斯，我们会说我们已经如此这般地从在各种计算方面和在几何学的各种事情方面最卓越的人那儿听说了这点吗？]（308e8–309a3）：καὶ τοὺς μὲν μὴ δυναμένους κοινωνεῖν ἤθους ἀνδρείου καὶ σώφρονος ὅσα τε ἄλλα ἐστὶ τείνοντα πρὸς ἀρετήν, ἀλλ᾽ εἰς ἀθεότητα καὶ ὕβριν καὶ ἀδικίαν ὑπὸ κακῆς βίᾳ φύσεως ἀπωθουμένους, θανάτοις τε ἐκβάλλει καὶ φυγαῖς καὶ ταῖς μεγίσταις κολάζουσα ἀτιμίαις. [并且对于那些不能够分得勇敢的品质和节制的品质，以及所有其他涉及德性的东西，而被一种邪恶的本性强行推到了不信神、侮慢和不义中的人，它就通过用各种各样的死刑、各种各样的放逐以及各种各样的最大的不光彩来进行惩罚而将之抛弃。]

《菲勒玻斯》（66c9–10）：ἀτὰρ κινδυνεύει καὶ ὁ ἡμέτερος λόγος ἐν ἕκτῃ καταπεπαυμένος εἶναι κρίσει. [然而，这点也是有可能的，即我们的谈话已经结束在了第六个剖判那里。]

94 指示代词的中性复数 ταῦτα，在这里作副词，意思是"因此""这就是为何"。《牛津希–英词典》对它的这一用法的解释是：therefore, that is why ....。

95 参见《克里同》（49a4–c1）：{ΣΩ.} Οὐδενὶ τρόπῳ φαμὲν ἑκόντας ἀδικητέον εἶναι, ἢ τινὶ μὲν ἀδικητέον τρόπῳ τινὶ δὲ οὔ; ἢ οὐδαμῶς τό γε ἀδικεῖν οὔτε ἀγαθὸν οὔτε καλόν, ὡς πολλάκις ἡμῖν καὶ ἐν τῷ ἔμπροσθεν χρόνῳ ὡμολογήθη; [ὅπερ καὶ ἄρτι ἐλέγετο] ἢ πᾶσαι ἡμῖν ἐκεῖναι αἱ πρόσθεν ὁμολογίαι ἐν ταῖσδε ταῖς ὀλίγαις ἡμέραις ἐκκεχυμέναι εἰσίν, καὶ πάλαι, ὦ Κρίτων, ἄρα τηλικοίδε [γέροντες] ἄνδρες πρὸς ἀλλήλους σπουδῇ διαλεγόμενοι ἐλάθομεν ἡμᾶς αὐτοὺς παίδων οὐδὲν διαφέροντες; ἢ παντὸς μᾶλλον οὕτως ἔχει ὥσπερ τότε ἐλέγετο ἡμῖν· εἴτε φασὶν οἱ πολλοὶ εἴτε μή, καὶ εἴτε δεῖ ἡμᾶς ἔτι τῶνδε χαλεπώτερα πάσχειν εἴτε καὶ πραότερα, ὅμως τό γε ἀδικεῖν τῷ ἀδικοῦντι καὶ κακὸν καὶ αἰσχρὸν τυγχάνει ὂν παντὶ τρόπῳ; φαμὲν ἢ οὔ; {ΚΡ.} Φαμέν. {ΣΩ.} Οὐδαμῶς ἄρα δεῖ ἀδικεῖν. {ΚΡ.} Οὐ δῆτα. {ΣΩ.} Οὐδὲ ἀδικούμενον ἄρα ἀνταδικεῖν, ὡς οἱ πολλοὶ οἴονται, ἐπειδή γε οὐδαμῶς δεῖ ἀδικεῖν. {ΚΡ.} Οὐ φαίνεται. [苏格拉底：我们说，在任何方面都不应故意行不义，还是说在有的方面应行不义，在有的方面则不应？还是说行不义绝对既不是良善的，也不是美好的，就像我们在过往的时间里经常赞同的那样？或者我们以前的所有那些同意，在这短短的几天内都已经给泼掉了，并且克里同啊，我们过去都没有注意到，我们这个年纪的人

在彼此用尽心思地讨论时，自己其实同孩童无异？或者必定还是如我们曾说过的那样：不管大众承认还是不承认，也无论我们必须遭受比这些更严酷的事情还是更温和的事情，行不义在所有方面对于行不义者来说实际上都同样是邪恶的和可耻的？我们会，还是不会这样说？克里同：我们会这样说。苏格拉底：因此绝对不应行不义。克里同：当然不。苏格拉底：那么，就不要像大众所认为的那样，对行不义者反行不义，既然绝对不应当行不义。克里同：显然不。]

96　πάντα ... πάντας δρᾶν［为每个人做每件事］。之所以这么翻译，因为 πάντα 是 πᾶς 的中性宾格复数，而 πάντας 是其阳性宾格复数。

97　[καὶ] λιπαρῶν ἀπείρηκα［我已经放弃继续询问〈你〉］，也可以译为"我已经放弃纠缠〈你〉""我已经放弃坚持"。希腊文方括号中的 καὶ，伯内特认为是窜入，法国布德本希腊文保留了它；从伯内特本。ἀπείρηκα 是动词 ἀπερῶ / ἀπερέω 的完成时直陈式主动态第一人称单数。ἀπερῶ 即 ἀπεῖπον，意思是"否认""拒绝""放弃"；λιπαρῶν 是动词 λιπαρέω 的现在时分词主动态阳性主格单数，λιπαρέω 的意思是"坚持""不断地问""再三要求"。

　　参见《伊翁》(541e1–542a1)：ἀλλὰ γὰρ σύ, ὦ Ἴων, εἰ μὲν ἀληθῆ λέγεις ὡς τέχνῃ καὶ ἐπιστήμῃ οἷός τε εἶ Ὅμηρον ἐπαινεῖν, ἀδικεῖς, ὅστις ἐμοὶ ὑποσχόμενος ὡς πολλὰ καὶ καλὰ περὶ Ὁμήρου ἐπίστασαι καὶ φάσκων ἐπιδείξειν, ἐξαπατᾷς με καὶ πολλοῦ δεῖς ἐπιδεῖξαι, ὅς γε οὐδὲ ἅττα ἐστὶ ταῦτα περὶ ὧν δεινὸς εἶ ἐθέλεις εἰπεῖν, πάλαι ἐμοῦ λιπαροῦντος, ἀλλὰ ἀτεχνῶς ὥσπερ ὁ Πρωτεὺς παντοδαπὸς γίγνῃ στρεφόμενος ἄνω καὶ κάτω, ἕως τελευτῶν διαφυγών με στρατηγὸς ἀνεφάνης, ἵνα μὴ ἐπιδείξῃς ὡς δεινὸς εἶ τὴν περὶ Ὁμήρου σοφίαν.［当然，你，伊翁啊，如果你在说真话，即你能够凭借一种技艺和凭借一门知识来赞美荷马，那你就是在行不义；因为你虽然向我许诺关于荷马你知道许多漂亮的东西，还声称将进行展示，但你在欺骗我，并且你也远没有进行展示，因为你甚至不愿意说出，你对之所擅长的那些事情是一些什么事情，尽管我早已再三要求；而你完全就像普洛透斯，通过来来回回地兜圈子而变成五花八门的样子，直到最终你通过表现成一位将军来逃避我，为了不展示在关于荷马的智慧方面你是多么的高明。]

98　κάλλιστ' ἀνθρώπων δρᾶν［在世上做得最好］。名词 ἄνθρωπος［人］同形容词最高级连用，起加强语气的作用，例如，μάλιστα ἀνθρώπων［最重要的是］和 ἥκιστα ἀνθρώπων［最不］，《牛津希-英词典》对之的解释分别是：most of all 和 least of all；此外，还有诸如 τὰ ἐξ ἀνθρώπων πράγματα［世界上的所有麻烦］这样的类似表达。参见：

《吕西斯》（211e3-5）：καὶ βουλοίμην ἄν μοι φίλον ἀγαθὸν γενέσθαι μᾶλλον ἢ τὸν ἄριστον ἐν ἀνθρώποις ὄρτυγα ἢ ἀλεκτρυόνα.［并且我会希望我得到一个好朋友，而远不是世上最好的鹌鹑或最好的雄鸡。］

《伊翁》（530c8-d3）：καὶ οἶμαι κάλλιστα ἀνθρώπων λέγειν περὶ Ὁμήρου, ὡς οὔτε Μητρόδωρος ὁ Λαμψακηνὸς οὔτε Στησίμβροτος ὁ Θάσιος οὔτε Γλαύκων οὔτε ἄλλος οὐδεὶς τῶν πώποτε γενομένων ἔσχεν εἰπεῖν οὕτω πολλὰς καὶ καλὰς διανοίας περὶ Ὁμήρου ὅσας ἐγώ.［并且我也认为，关于荷马，在世上我谈得最漂亮，以至于无论是拉谟普萨科斯人墨特洛多洛斯，还是塔索斯人斯忒西谟布洛托斯，还是格劳孔，还是那些曾经出现过的人中的任何一位，关于荷马的各种思想，没有一个能够如我那样讲得如此的多和那么的漂亮。］

《泰阿泰德》（148b3）：Ἀριστά γ' ἀνθρώπων, ὦ παῖδες.［世界上无人比你们更优秀了，孩子们！ / 你们是世界上最优秀的，孩子们！］

99　καταμελετῆσαι τὸν ἔπαινον περὶ αὑτῆς［在对这门技艺的颂扬方面他能够训练自己］，也可以简单转译为"仔细研究如何赞美这门技艺"。καταμελετῆσαι 是动词 καταμελετάω 的一次性过去时不定式主动态，καταμελετάω 的意思是"训练""充分地练习""仔细研究"；《牛津希-英词典》举了柏拉图在这里的这个表达，对它的解释是：study carefully。参见《菲勒玻斯》（55e5-56a1）：Τὸ γοῦν μετὰ ταῦτ' εἰκάζειν λείποιτ' ἂν καὶ τὰς αἰσθήσεις καταμελετᾶν ἐμπειρίᾳ καί τινι τριβῇ, ταῖς τῆς στοχαστικῆς προσχρωμένους δυνάμεσιν ἃς πολλοὶ τέχνας ἐπονομάζουσι, μελέτῃ καὶ πόνῳ τὴν ῥώμην ἀπειργασμένας.［在这之后，无论如何都只会剩下猜想以及通过经验和某种磨砺而来的对诸感觉的训练，当一些人进一步使用那善于猜中的技艺之各种能力时——许多人将这些能力称作技艺，但它们其实是通过练习和苦工才实现其力量的。］

100　ὡς πολλοῦ… ἀξία［何等的可贵］是一个整体。πολλοῦ ἄξιον 是固定搭配，字面意思是"非常值得""所值甚多"。参见《克里同》（46b1-3）：Ὦ φίλε Κρίτων, ἡ προθυμία σου πολλοῦ ἀξία εἰ μετά τινος ὀρθότητος εἴη· εἰ δὲ μή, ὅσῳ μείζων τοσούτῳ χαλεπωτέρα.［亲爱的克里同啊，你的热心所值甚多，如果它是带有某种正确性的话；但如果没有，那么，它有多大就有多让人为难。］

101　τάχ' ἄν［有可能］。τάχ' 即 τάχα；τάχα 是形容词 ταχύς［快的 / 迅速的］的副词，但 τάχ' ἄν 是固定搭配，意思是"或许""大概""有可能"。

102　τὸ ἐμόν［就我这一方来说］，也可以转译为"而在我看来"。τὸ ἐμόν 是固定表达，也使用复数 τὰ ἐμά；《牛津希-英词典》对之的解释是：my part, my affairs, as far as concerns me；也相当于德文的 meinesteils。参见：

《卡尔米德斯》（176b2–4）：καὶ τό γ᾽ ἐμὸν οὐδὲν κωλύει ἐπάδεσθαι ὑπὸ σοῦ ὅσαι ἡμέραι, ἕως ἂν φῇς σὺ ἱκανῶς ἔχειν.［而就我这一方来说，也肯定没有任何东西会阻碍天天被你唱那个咒语，直到你会宣称我已经充分地拥有了它为止。］

《拉刻斯》（188c1–3）：ὅπερ οὖν λέγω, τὸ μὲν ἐμὸν οὐδὲν κωλύει Σωκράτει συνδιατρίβειν ὅπως οὗτος βούλεται· Λάχητα δὲ τόνδε ὅρα ὅπως ἔχει περὶ τοῦ τοιούτου.［所以，正如我所说的，一方面，就我这方来说，没有什么能妨碍我同苏格拉底一道消磨时光——以这个人所愿意的那种方式；另一方面，就这里的这位拉刻斯，请你看看，关于诸如此类的事情他是怎么个态度。］

103 动词 ἔχω［有］加副词，等于 εἰμί 加相应的形容词；此外，ἔχω 同副词连用，表"处于某种状态""是某种样子"。

104 δυοῖν δὲ θάτερον［而下面两种情况你必居其一］。这是对 410b6 那里 δυοῖν δὲ θάτερον［但下面两种情况你必居其一］的重复；因为前面只解释了第一种情况，由于句子太长，意思被打断了，所以只好重说一遍。

105 αὐτῆς ἐμοὶ κοινωνεῖν［同我分享它］。动词 κοινωνέω 作"分享"讲时，要求属格，所以这里出现的是单数属格 αὐτῆς［它］，即 δικαιοσύνης［正义］。

106 ἤδη 在这里不作"已经"讲，意思是"从此""此后"。

107 φύσει［生来］，字面意思是"凭借某种自然""在本性上""凭借某种本性"。

108 οἵας θεραπείας δεῖται［需要哪样一种照护］。δέω 作异态动词 δέομαι 使用时，意思是"要求得到""需要"，要求属格做宾语；所以这里出现的是单数属格 οἵας θεραπείας［哪样一种照护 / 何种照护］。

109 θές［请你假设］。θές 是动词 τίθημι［设立 / 确定］的一次性过去时命令式主动态第二人称单数。参见：

《苏格拉底的申辩》（27c10）：τίθημι γάρ σε ὁμολογοῦντα, ἐπειδὴ οὐκ ἀποκρίνῃ.［因为，既然你不回答，那我就假定你是在同意。］

《泰阿泰德》（191c8–d1）：Θὲς δή μοι λόγου ἕνεκα ἐν ταῖς ψυχαῖς ἡμῶν ἐνὸν κήρινον ἐκμαγεῖον, τῷ μὲν μεῖζον, τῷ δ᾽ ἔλαττον, καὶ τῷ μὲν καθαρωτέρου κηροῦ, τῷ δὲ κοπρωδεστέρου, καὶ σκληροτέρου, ἐνίοις δὲ ὑγροτέρου, ἔστι δ᾽ οἷς μετρίως ἔχοντος.［为了讨论，现在请你假设在我们的灵魂中有一个蜡块，在有的人那里较大，在有的人那里则较小；并且在有的人那里较纯洁，在有的人那里则较肮脏，在有的人那里较硬，在有的人那里则较软；而在有的人那里一切都恰好合适。］

110 ἃ καὶ νυνδὴ διῆλθον［其实就像我刚才细说〈健身术〉那样］。这句话中的 ἃ，斯林斯将之校订为 ὡς，从之。

111 ἄξιον εἶναι τοῦ παντὸς φήσω［我将宣称你是配得上一切的］。ἄξιος τοῦ παντός
［配得上一切／抵得上一切］是短语，也拼作 ἄξιος παντός。参见：

《智者》（216c4-8）：πάνυ γὰρ ἄνδρες οὗτοι παντοῖοι φανταζόμενοι διὰ
τὴν τῶν ἄλλων ἄγνοιαν "ἐπιστρωφῶσι πόληας," οἱ μὴ πλαστῶς ἀλλ' ὄντως
φιλόσοφοι, καθορῶντες ὑψόθεν τὸν τῶν κάτω βίον, καὶ τοῖς μὲν δοκοῦσιν εἶναι
τοῦ μηδενὸς [τίμιοι], τοῖς δ' ἄξιοι τοῦ παντός.［因为，由于其他人的无知，这
些人肯定通过显现为多种多样的形象而"出没于各个城邦"；他们不是假冒
的而是真正的哲学家，从高处俯察下面那些人的生活，并且在一些人看来
他们一文不值，在另一些人看来则配得上一切。］

《斐德若》（260b6-c2）：{ΣΩ.} Οὔπω γε· ἀλλ' ὅτε δὴ σπουδῇ σε πείθοιμι,
συντιθεὶς λόγον ἔπαινον κατὰ τοῦ ὄνου, ἵππον ἐπονομάζων καὶ λέγων ὡς
παντὸς ἄξιον τὸ θρέμμα οἴκοι τε κεκτῆσθαι καὶ ἐπὶ στρατιᾶς, ἀποπολεμεῖν τε
χρήσιμον καὶ πρός γ' ἐνεγκεῖν δυνατὸν σκεύη καὶ ἄλλα πολλὰ ὠφέλιμον. {ΦΑΙ.}
Παγγέλοιόν γ' ἂν ἤδη εἴη.［苏格拉底：还根本没有说完呢；而当我热切地劝
说你，通过构思一篇关于驴的颂词，将之命名为马并且说，拥有了该牲畜
抵得上一切，无论是在家里还是在远征上，它都是有用的，即能够用来从
它背上进行作战，此外还能够托运装备，以及在其他许多的方面也都是有
益的。斐德若：到那时肯定就会是完完全全地可笑了。］

术 语 索 引

410a6

ἀδικέω 行不义，犯错误

[拉] injuste seu inique ago

[德] Unrecht tun, verletzen

[英] do wrong, harm, injure

407d8

ἀδικία 不义

[拉] injustitia

[德] Ungerechtigkeit, Rechtlosigkeit

[英] injustice

407d5

ἄδικος (adv. ἀδίκως) 不正当的，不公正的，非正义的

[拉] injustus, iniquus

[德] ungerecht

[英] unjust, unrighteous

407d3

ἀεκούσιος (ἀκούσιος) 不情愿的，勉强的

[拉] involuntarius

[德] ungern, unfreiwillig

[英] against the will, involuntary

407d7, 407d8

αἱρέω 拿，抓，捕获，判罪，选举

[拉] capio, convinco, eligo

[德] nehmen, fangen, zu Fall bringen, wählen

[英] grasp, seize, convict, elect

407d5, 407d8

αἰσχρός (comp. αἰσχίων) 丑陋的，可耻的

[拉] turpis

[德] häßlich, schändlich

[英] ugly, shameful, base

407a1, 407d4, 408e6

ἀκούω 听

[拉] audio

[德] hören

[英] hear

406a11, 407a5, 407a6, 407e3, 407e11, 408c4, 407e11, 408c4, 409a5

ἀληθής (adv. ἀληθῶς) 真的

[拉] verus, rectus

[德] wahr, wirklich, echt

[英] true, real

409e4

ἄλλοσε 到别处，到其他地方

[拉] alio, aliorsum

[德] anderswohin

[英] to another place

410c7

ἀμελέω 不关心，轻视

[拉] non curo, neglego

[德] vernachlässigen

[英] have no care for, be neglectful of

407e6, 407e7, 410d2, 410e1

ἀμετρία 不成比例，不协调

[拉] excessus mensurae, immoderatio

[德] Maßlosigkeit, Mißverhältnis

[英] excess, disproportion

407c7

ἄμετρος (adv. ἀμέτρως) 不成比例的，不适中的

[拉] immoderatus

[德] unverhältnismäßig

[英] immoderate

407c8

ἀμουσία 无教养，粗俗

[拉] imperitia, inscitia

[德] Mangel an Bildung

[英] want of education, taste or refinement, rudeness

407c6

ἄμπελος 葡萄

[拉] vitis

[德] Wein

[英] grape

408e6

ἀναγκάζω (διά-ἀναγκάζω) 逼迫，迫使

[拉] cogo, compello

[德] nötigen, zwingen

[英] force, compel

409e6

ἀνάγκη 必然（性），强迫

[拉] necessitas

[德] Notwendigkeit

[英] necessity

408a7

ἀνάρμοστος 不和谐的，不合适的

[拉] haud congruens, absonus

[德] nicht passend, unharmonisch

[英] out of tune, not fitting

407d1

ἀνήρ 男人

[拉] vir

[德] Mann

[英] man

407e1

ἄνθρωπος 人

[拉] homo

[德] Mensch

[英] man, mankind

407a7, 407a8, 407b1, 408b3, 408e1, 409e7, 410b5, 410c1, 410e6

ἀντεῖπον (ἀντιλέγω) 反驳，驳斥，回应

[拉] contradico

[德] widersprechen

[英] speak against, gainsay

408c1, 408c2

ἄξιος (adv. ἀξίως) 有价值的，值……的，配得上的

[拉] dignus, aestimabilis

[德] wertvoll, würdig

[英] worthy, estimables, worthy of

410c1, 410e6

ἀπαιδευσία 缺乏教育，愚蠢

[拉] inscitia, imperitia

[德] Mangel an Erziehung

[英] want of education, stupidity

407d2

ἅπαξ 一次，只一次

[拉] semel

[德] einmal

[英] once, once only

410b3

ἅπας 全部，全体，每个

[拉] unusquisque, omnes ad unum

[德] ganz, jeder

[英] quite all, the whole, every one

410a3

ἀπεῖπον (ἀπερῶ, ἀπερέω) 拒绝，放弃

[拉] nego, abnuo

[德] entsagen, aufgeben

[英] refuse, renounce, give up

410b4

ἀποδέχομαι 接受，认可，赞同

［拉］recipio, admitto, probo
［德］aufnehmen, anerkennen
［英］accept, admit
408d2, 409d9

ἀποκρίνω 分开，选出，回答
［拉］separo, secerno, respondeo
［德］sondern, wählen, beantworten
［英］set apart, choose, give answer to, reply to
409a4, 409c2, 409d3

ἀπομνημονεύω 记住，记忆
［拉］recordor, reminiscor
［德］in Gedächtnis behalten
［英］remember
406a5

ἀπορέω 困惑，不知所措
［拉］dubito, aestuo, consilii inops sum
［德］ratlos sein, ohne Mittel und Wege
［英］to be at a loss, be in doubt, be puzzled
409e10, 410c8

ἀποτελέω 结束，完成
［拉］perficio, efficio
［德］vollenden, vollbringen
［英］bring to an end, complete
409b2

ἀρετή 德性
［拉］virtus
［德］Tugend, Tüchtigkeit
［英］virtue, goodness, excellence
407c2, 408b7, 408d3, 409a3, 410b5

ἄρχω 开始，从……开始，统帅，统治
［拉］incipio, guberno
［德］anfangen, herrschen, befehlen
［英］begin, rule, command
407e7, 408e2

ἀσκέω 从事，练习
［拉］exerceo, factito
［德］üben, ausüben
［英］practise, exercise
407a3, 407e5

ἀσκητός 可通过训练获得的
［拉］qui usu et exercitaione comparatur
［德］durch Übung erlangen
［英］to be got or reached by practice
407b6

ἀτεχνῶς 完完全全，真正地
［拉］prorsus
［德］geradezu, ganz
［英］absolutely, simply, completely
408c3

ἀτιμάζω (ἀτιμάω) 轻视，瞧不起，不敬重
［拉］contemno
［德］verachten, geringschätzen
［英］dishonour, disdain, scorn
409e6

βίος 生命，一生，生活
［拉］vita
［德］Leben, Lebenszeit
［英］life, lifetime
408b1, 408d5

βλαβερός (adv. βλαβερῶς) 有害的
［拉］noxius, perniciosus
［德］schädlich
［英］harmful

διάνοια 意图，打算，思想
[拉] consilium, mentis agitatio
[德] Gesinnung, Absicht, Gedanke
[英] thought, intention, purpose
408b2

διαπονέω 苦心经营
[拉] elaboro
[德] mit Mühe arbeiten
[英] work out with labour, elaborate
408e8, 410e1

διατριβή 消磨时间，消遣，研讨
[拉] contritio, conversatio
[德] Zeitverlust, Aufenthalt, Unterhaltung
[英] wearing away, haunt
406a3

διαφεύγω 逃走，逃脱
[拉] effugio, evito
[德] entfliehen, vermeiden
[英] get away from, escape
410a5

δίδαγμα 教导，准则
[拉] disciplina
[德] Lehre, Vorschrift
[英] lesson, instruction
409b6

διδακτός 可教的，可学的
[拉] qui doceri potest
[德] lehrbar
[英] that can be taught or learnt
408b7

διδάσκαλος 老师
[拉] magister
[德] Lehrer
[英] teacher, master
407b5

διδάσκω 教，传授
[拉] doceo
[德] lehren
[英] teach, instruct
409b4

δίδωμι (δοτέον) 给，交出，赠送，赠与，认可
[拉] do, dono, concedo, permitto
[德] geben, schenken, zugeben, gestatten
[英] give, offer, grant
406a12

διεξέρχομαι 详细叙述，度过
[拉] pertranseo, explico
[德] in der Rede durchgehen, hindurchgehen
[英] go through, relate
406a9

διέρχομαι 经过，细说，叙述
[拉] transeo, narro
[德] durchgehen, erzählen
[英] pass through, recount
410e3

διηγέομαι 详细叙述，描述
[拉] narro
[德] erzählen, beschreiben
[英] set out in detail, describe
406a1

δίκαιος (adv. δικαίως) 正当的，公正的，正义的
[拉] justus
[德] gerecht, richtig

［英］just, right

407b4, 409b7, 409c1, 410b2

δικαιοσύνη 正义，公正

［拉］justitia

［德］Gerechtigkeit

［英］righteousness, justice

407b5, 408b5, 408e2, 409a6, 409b7,

409d2, 409d4, 409e8, 410a5, 410a8,

410c3

δικαστικός 有关审判的

［拉］iudicialis

［德］die Gerichte betreffend, richterlich

［英］of or for law or trials

408b4

διώκω (διωκτέος) 控告，追

［拉］persequor

［德］jagen, anklagen

［英］prosecute, pursue

407a2

δοκέω 设想，看来，认为

［拉］puto, opinor, videor

［德］glauben, scheinen

［英］imagine, seem

407a6, 409a4, 409d4

δόξα 名声，意见，期望，荣誉，判断

［拉］opinio, exspectatio, fama,

gloria

［德］Meinung, Erwartung, Ruhm,

Vorstellung

［英］opinion, expectation, repute,

judgement

409e10

δοξάζω 认为，相信，猜想，判断

［拉］opinor, suspicor

［德］meinen, glauben, vermuten

［英］think, imagine, suppose

408c8

δοῦλος 奴隶

［拉］servus

［德］Knecht

［英］slave

408a7

δράω (δραστέος) 做

［拉］facio, ago

［德］tun

［英］do

407d2, 410b3, 410b6

δύναμαι 能够，有能力

［拉］possum, valeo

［德］können, imstande sein

［英］to be able

409b8, 410b6, 410c7

ἐάω (ἐατέος) 允许，同意，不理会，

放弃

［拉］dimitto, omitto

［德］zulassen, unterlassen

［英］concede, permit, let alone, let

be

407e9

ἐγκωμιάζω 颂扬，称赞

［拉］laudo

［德］preisen, loben

［英］praise, laud, extol

410c4

ἐθέλω 愿意，乐于

［拉］volo

［德］wollen, wünschen

［英］to be willing, wish

406a13, 410c6, 410c8

εἴδω (οἶδα, ἀπό-εἶδον) 看，知道，熟悉

[拉] video, scio, peritus sum

[德] sehen, wissen, verstehen

[英] see, know, be acquainted with

410c5

εἶπον 说

[拉] dico

[德] sagen

[英] say, speak

409a2, 409a5, 409a7, 409c1, 409d4,
410a8

ἕκαστος 每，每一个，各自

[拉] singulus, quisque

[德] jeder

[英] each, every one

409b8, 409c4, 409c6

ἐκμελετάω 认真地训练或教育

[拉] exerceo

[德] sorgfältig üben oder lernen

[英] train or teach carefully

407b7

ἑκούσιος 自愿的，心甘情愿的

[拉] voluntarius

[德] freiwillig

[英] voluntary, willing

407d7

ἐκπλήσσω 使惊慌失措，吓呆

[拉] stupefacio, obstupesco

[德] erstaunen, erschrecken

[英] amaze, astound

407a6

ἑκών 自愿的，心甘情愿的，故意的

[拉] voluntarius

[德] freiwillig, gern

[英] willing

407d3, 407d5

ἐλεύθερος 自由的

[拉] liber

[德] frei

[英] free

408b1

ἐμπόδιος 成为障碍的

[拉] qui est impendimento, obvius

[德] im Wege stehend, hinderlich

[英] presenting an obstacle, impeding

410e7

ἔναγχος 刚刚，刚才，不久前

[拉] nuper

[德] neulich

[英] just now, lately

406a2

ἕνεκα 为了，由于

[拉] gratia, propter

[德] um ... willen, angesichts

[英] on account of, for the sake of,
as far as regards

408e7, 410e1

ἐνταῦθα (ἐνθαῦτα) 在这儿

[拉] huc

[德] hierin

[英] here

409e10

ἐντεῦθεν 从这里，从那里，从此以后

[拉] hinc

[德] von hier aus, von da

[英] hence, thence, henceforth

408e2

ἐξασκέω 彻底地训练
　[拉] exerceo
　[德] völlig ausüben
　[英] train thoroughly
　407b6

ἐξεργάζομαι 完成，成就，运用
　[拉] perficio, efficio
　[德] ausführen, bearbeiten
　[英] work out, accomplish, achieve
　409b3

ἐξευρίσκω 找出，发现
　[拉] invenio
　[德] ausfinden, herausfinden
　[英] find out, discover
　408e10

ἑξῆς 前后相继，依次，此后
　[拉] deinceps, ordine
　[德] der Reihe nach, nacheinander,
　nebeneinander, nebendanach
　[英] one after another, in order
　410e2

ἐπαινέω (ἐπαινετέον) 赞许，赞美
　[拉] laudo
　[德] loben
　[英] approval, praise
　406a7, 407e4, 410e4

ἔπαινος 赞许，赞美
　[拉] laus
　[德] Lob
　[英] approval, praise
　410b8

ἐπάνειμι (ἐπανιτέον) 上升，回去
　[拉] adscendo, redeo
　[德] hinaufgehen, zurückgehen

　[英] ascend, go back, return
　409c3

ἐπανερωτάω (ἐπανέρομαι, ἐπανείρομαι)
　一再询问，再次问
　[拉] interrogo rursum
　[德] wieder befragen
　[英] question again, ask over again
　405c5, 408c9, 408d7, 408e10,
　409d9

ἐπεγείρω 叫醒，唤醒
　[拉] excito
　[德] wecken
　[英] awaken
　408c3

ἐπεξέρχομαι 追究，控告
　[拉] accuso
　[德] verklagen, anklagen
　[英] proceed against, prosecute
　408d4

ἐπιμέλεια 关心
　[拉] cura
　[德] Sorge
　[英] care, attention
　407d8, 408e4, 408e7, 410b5, 410d6

ἐπιμελέομαι 关心，照料
　[拉] curo
　[德] sorgen
　[英] take care of
　408c1

ἐπιπλήσσω 斥责，责骂
　[拉] castigo, objurgo
　[德] schelten
　[英] chastise, rebuke, reprove
　410a1

ἐπίσταμαι 知道

　[拉] scio

　[德] wissen

　[英] know

　407b4, 407e8, 407e10, 408a1, 408a5

ἐπιστήμη 知识

　[拉] scientia

　[德] Wissen, Wissenschaft

　[英] knowledge

　409e5, 409e9

ἐπιστήμων (adv. ἐπιστημόνως) 精通……
的，对……有学识的，对……有
知识的

　[拉] scientia praeditus, sciens,
peritus

　[德] sich auf etw. verstehend, kundig,
geschickt

　[英] knowing, wise, prudent

　410c3

ἐπιτιμάω 指责，责备

　[拉] reprehendo, exprobro

　[德] tadeln

　[英] censure

　407a7

ἐπιφέρω 带来，给与

　[拉] infero, induco

　[德] herbeibringen, hinzufügen

　[英] bring, put or lay upon

　410c2

ἐπονομάζω 叫……名字，取名称，起
绰号

　[拉] cognomino

　[德] benennen, nennen

　[英] name, call

408b4, 409d8

ἔργον 事情，行动，行为，结果，任务

　[拉] res, opus

　[德] Sache, Ding, Tat, Werk

　[英] thing, matter, deed, action

　408d5, 409b5, 409b6, 409c1, 409d5,
409e8, 410a6

ἐρρωμένος (adv. ἐρρωμένως) 强壮的，
有力的

　[拉] robustus, fortis, validus

　[德] stark, kräftig

　[英] powerful, strong

　409a4

ἔρχομαι 动身，去

　[拉] venio, progredior

　[德] schreiten, gehen

　[英] go, start

　410e8

ἐρῶ 将要说，将要宣布

　[拉] dicam, dico, loquor, nuncio

　[德] reden, sagen

　[英] will tell, proclaim

　409c6, 410e2

ἐρωτάω 问，询问

　[拉] interrogo, rogo

　[德] fragen, erfragen, befragen

　[英] ask, question

　409d6, 409e5, 410a7

ἔσχατος 最严重的，极度的

　[拉] ultimus, summus

　[德] äußerst, letzt

　[英] ultimate, utmost

　407d2

ἑταῖρος (ἑταίρα) 朋友，同伴

［拉］amicus, socius

［德］Kamerad, Freund

［英］comrade, companion

408c6, 409d3

ἕτερος (ἄτερος, adv. ἑτέρως) 另一个，两者中的一个，不相同的

［拉］alter, alius

［德］ein andrer, der eine von zweien, verschieden

［英］one or the other of two, another, different

407e6, 408b6, 408d6, 409b2, 409b3, 409b8, 409c2, 410b6, 410c5

εὐδαίμων 幸福的，好运的

［拉］felix

［德］glücklich

［英］happy, fortunate

410e8

εὑρίσκω 发现，找到

［拉］invenio, exquiro

［德］finden, entdecken

［英］find, discovery

407b5

ἐφεξῆς 相继，依次

［拉］deinceps

［德］nach der Reihe

［英］one after another, successively, in a row

407e5, 410d3

ἐχθρός (comp. ἐχθίων, sup. ἔχθιστος) 仇恨的，敌对的

［拉］inimicus

［德］verhaßt, feindselig

［英］hated, hateful, hostile

410a8

ἔχω (ἴσχω, ἀμφί-ἴσχω, adv. ἐχόντως) 有，拥有

［拉］habeo

［德］haben, besitzen

［英］have, possess

406a11, 406a12, 407b3, 410a4

ζάω 活，活着

［拉］vivo

［德］leben

［英］live

408a6, 408a7

ζητέω (ζητητέος) 想要，追寻

［拉］requiro, studeo, volo

［德］forschen, wünschen

［英］require, demand

407c5

ἡγέομαι (ἡγητέον) 带领，引领，认为，相信

［拉］duco, puto, existimo, opinor

［德］anführen, meinen, glauben

［英］go before, lead the way, believe, hold

406a10, 407c3, 408c2

ἡδονή 快乐，愉悦

［拉］laetitia

［德］Lust, Vergnügen

［英］enjoyment, pleasure

407d6

ἡδύς (adv. ἡδέως) 满意的，喜悦的

［拉］dulcis, laetus

［德］angenehm, lieb

［英］pleasant, well-pleased, glad

406a9, 406a13

ἡλικιώτης 同年龄的人，同伴
　[拉] aequalis
　[德] Altergenosse
　[英] equal in age, comrade
　408c6

ἥσσων (ἥττων, super. ἥκιστος) 较弱的，
　较差的
　[拉] minor, inferior
　[德] schwächer, geringer
　[英] inferior, weaker
　406a10, 407c3, 407d6

ἡσυχία (ἡσυχιότης) 安静，宁静
　[拉] quies, silentium, tranquillitas
　[德] Ruhe, Stille
　[英] rest, quiet, silence
　408a6

θαμά 经常地，时常地
　[拉] frequenter
　[德] oft, häufig
　[英] often
　407e3

θαυμαστός (adv. θαυμαστῶς) 奇怪的，
　离奇的，好奇的
　[拉] mirus
　[德] wunderbar, erstaunlich
　[英] wonderful, marvellous
　407e4

θεομισής 为神所憎恶的，为神所仇恨的
　[拉] diis inimicus
　[德] von Gott verhaßt
　[英] hated by the gods
　407d4

θεός 神
　[拉] Deus

　[德] Gott
　[英] God
　407a8

θεραπεία 侍奉，照料
　[拉] famulatus, ministerium, cultus
　[德] Dienst, Bedienung
　[英] service, care
　410d4

θεραπεύω 侍奉，照料
　[拉] famulor, servio, colo
　[德] bedienen
　[英] do service, take care of
　407b7

θηρίον 野兽，畜牲
　[拉] brutum
　[德] Tier
　[英] wild animal, beast
　409d8

ἰατρικός 有关医疗的
　[拉] medicinus
　[德] den Arzt betreffend, ärztlich
　[英] medical
　408e5, 409a2, 409b1, 410a3

ἰατρός 医生
　[拉] medicus
　[德] Arzt
　[英] physician
　409b2

ἴδιος 自己的，个人的
　[拉] privatus
　[德] eigen, privat
　[英] one's own, private, personal
　407e1, 409c6, 409d5

ἱκανός (adv. ἱκανῶς) 充分的，足够的

［拉］sufficiens, satis

［德］zureichend, genügend, hinlänglich

［英］sufficient, adequate

407b7, 407c2, 410a1

καθεύδω (καθευδητέον) 睡

［拉］dormio

［德］schlafen

［英］lie down to sleep, sleep

408c3

κακός (adv. κακῶς) 坏的，有害的

［拉］malus, vitiosus

［德］schlecht, böse

［英］bad, evil

407c3, 407d5, 409d7

καλός (adv. καλῶς, comp.καλλίων, sup. κάλλιστα) 美的，好的

［拉］pulcher

［德］schön

［英］beautiful

407a7, 409c7, 410b5, 410c4

καταγέλαστος 可笑的，令人发笑的

［拉］ridiculus

［德］verlacht, verspottet

［英］ridiculous, absurd

410d5

καταμελετάω 练习，训练

［拉］exerceo

［德］sehr üben

［英］train fully, exercise

410b8

καταφρονέω 藐视，轻视，小看

［拉］contemno

［德］verachten, gering achten

［英］despise, think slightly of

407c4

κοινωνέω 共同做，共同参与，结合

［拉］in commune venio, commune aliquid habeo cum aliquo

［德］Anteil haben, teilnehmen

［英］do in common with, share

410c6

κομψός 精巧的，巧妙的，优美的

［拉］venustus, elegans, bellus

［德］raffiniert, fein, schlau

［英］smart, clever, ingenious

409d4

κράτος 力量，权力，统治

［拉］potestas, imperium

［德］Kraft, Macht, Herrschaft

［英］strength, might, power

407a4

κρείσσων (κρείττων) 较强的

［拉］melior

［德］stärker

［英］stronger, superior

407e9, 407e12, 408a6

κριθή 大麦

［拉］hordeum

［德］Gerste

［英］barleycorns, barley

408e6

κτάομαι (κτέομαι) 取得，占有，拥有

［拉］possideo

［德］erwerben, haben, besitzen

［英］get, acquire, possess

408e8

κτῆμα 所有物

［拉］possessio

［德］Erwerbung, Habe, Besitz

［英］property, possession

408a2

κυβερνήτης 舵手

　　［拉］gubernator

　　［德］Steuermann

　　［英］steersman

　　410b8

κυβερνητικός 善于掌舵的

　　［拉］artis gubernandi peritus

　　［德］zum Steuern gehörig od.
geschickt

　　［英］good at steering

　　408b3

λαμβάνω (ληπτέον) 获得，拥有，抓住

　　［拉］accipio

　　［德］bekommen, empfangen, fassen

　　［英］take, possess, seize

　　408d4

λέγω (λεκτέος) 说

　　［拉］dico

　　［德］sagen

　　［英］say, speak

　　406a13, 407a7, 407b1, 407d4,
407e4, 407e8, 408b5, 408b6, 408e6,
409a1, 409a3, 409a6, 409b1, 409b5,
409d2, 409c3, 409e5, 410a1, 410a2,
410a4, 410d3, 410e3

λιπαρέω 坚持，再三要求，恳求

　　［拉］insto, instanter rogo vel quaero

　　［德］festhalten, beharren, inständig
bitten

　　［英］persist, persevere, beseech

　　410b4

λόγος 话，说法，言辞，理由，道理，
讨论

　　［拉］verbum, dictum, oratio

　　［德］Wort, Rede

　　［英］words, arguments

　　406a6, 407d8, 408a5, 408b6, 408c9,
409e10, 410a2, 410d1, 410d3

λύρα 七弦琴

　　［拉］lyra

　　［德］Leier

　　［英］lyre

　　407c7, 408a2

λυσιτελέω 有益，有好处

　　［拉］utilis sum, prosum

　　［德］nützen, vorteilhaft sein

　　［英］profit, avail

　　409c3, 409c5

μάθησις 学习，教育，教导

　　［拉］ipsa discendi actio, perceptio

　　［德］Erlernen, Belehrung

　　［英］learning, education, instruction

　　408e3

μαθητός 可学的

　　［拉］in eo ponitur quod disci potest

　　［德］lernbar

　　［英］learnt, that may be learnt

　　407b6

μακρός 长的，高的，深的

　　［拉］longus, altus

　　［德］lang, tief

　　［英］long, tall

　　410b6

μάλα (comp. μᾶλλον, sup. μάλιστα) 很，
非常

[拉] valde, vehementer

[德] sehr, recht, ganz

[英] very, exceedingly

407e4, 408b7, 408c8, 410c3

μανθάνω 学习，理解，弄明白，懂

[拉] disco, intelligo

[德] lernen, verstehen

[英] learn, understand

407c2, 408b2

μελετητός 可通过练习取得的

[拉] qui studio et exercitatione

percipi potest

[德] durch Übung zu erlernen

[英] to be gained by practice

407b6

μέμφομαι 谴责，责怪

[拉] reprehendo

[德] tadeln, vorwerfen

[英] blame, censure

406a8

μηχανή 办法，方法，技巧

[拉] machina, ars, consilium

[德] Art, Weise, Mittel

[英] way, mean, contrivance

407a8, 408e9

μόνος 唯一的，仅仅的

[拉] solus, singularis, unus

[德] allein, alleinig, bloß

[英] alone, solitary, only

406a10, 408d3, 409a7, 410b6

μουσικός 文艺的，音乐的

[拉] musicus

[德] musisch

[英] musical

407c1

νικάω 得胜，战胜，征服

[拉] vinco

[德] siegen

[英] win, conquer

407d7

νομίζω (νομιστέος) 承认，信奉

[拉] existimo, reor

[德] anerkennen, glauben

[英] acknowledge, believe in

410b4

νόος (νοῦς) 理智，努斯

[拉] mens, intellectus

[德] Verstand, Vernunft

[英] mind, intellect

408c4

ξύλινος 木头的，木制的

[拉] ligneus

[德] von Holz, hölzern

[英] of wood, wooden

409d1

οἴομαι 料想，猜，认为，相信

[拉] puto

[德] vermuten, denken

[英] guess, think, believe

408c1, 409c2, 410c7, 410e2

ὁμοδοξία 意见一致，同意

[拉] consensio

[德] Gleichheit der Meinungen

[英] agreement in opinion, unanimity

409e5, 409e6, 409e7

ὁμολογέω (ὁμολογητέον) 同意，赞同，

认可，达成一致

[拉] consentio, assentior

［德］zugestehen, bestimmen

［英］agree with, concede

408e1, 409e8, 410d5

ὁμόνοια 一条心，同意，和睦

［拉］consensus, concordia

［德］gleiche Gesinnung, Einigkeit, Eintracht

［英］oneness of mind, unanimity, concord

409e4, 409e5, 409e9, 410a3, 410a5

ὀνειδίζω 训斥，责骂

［拉］objurgo

［德］vorwerfen, verweisen

［英］reproach, upbraid

408e5

ὄνομα 语词，名字，名声

［拉］nomen

［德］Name, Nomen

［英］name, word, fame

409a7, 409c4, 409d8

ὀνομάζω 命名，称呼

［拉］nomino, appello

［德］nennen

［英］name, call or address by name

408c7, 409e3

ὁράω 看，注意

［拉］video, animadverto, intelligo

［德］schauen, einsehen, merken

［英］see, look, pay heed to

407b8, 407e11, 408e4

ὄργανον 工具，装备，器官

［拉］instrumentum

［德］Werkzeug, Organ

［英］instrument, tool, organ

408a4

ὀρθός (adv. ὀρθῶς) 正确的，直的

［拉］rectus

［德］recht, gerade

［英］right, straight

406a5, 406a11, 409c5

οὖς 耳朵

［拉］auris

［德］Ohr

［英］ear

407e10

ὀφθαλμός 眼睛

［拉］oculus

［德］Auge

［英］eye

407e10

πάγκαλος (adv. παγκάλως) 极美的，极好的

［拉］rectissimus, pulcerrimus

［德］wunderschön

［英］very beautiful, good, or right

408b6

παιδεία 教育

［拉］eruditio

［德］Erziehung

［英］education

407c2

παίδευσις 教育，教化

［拉］institutio, disciplina, doctorina

［德］Erziehung, Unterricht

［英］process education, education

407c5

παῖς (παιδίον) 孩童，孩子，小孩

［拉］pueritia

［德］Kind
［英］child, childhood
407c2, 408e5, 409d7

πάμπολυς (παμπληθής) 极多的，极大的
［拉］permultus, varius
［德］sehr viel, sehr groß
［英］very great, large, or numerous
408b6

παραδίδωμι 交出去，交给，出卖，背叛
［拉］trado, dedo
［德］hingeben, verraten
［英］give, hand over to another, betray
407b4, 408b2

πάρειμι 在场，在旁边；走上前来
［拉］adsum, procedo
［德］dabei od. anwesend sein, gegenwärtig sein, herbeikommen
［英］to be present in or at, to be by or near, go by, come forward
410a1

παρρησία 直言不讳，言论自由
［拉］licentia, libertas
［德］Redefreiheit, Freimütigkeit
［英］outspokenness, frankness, freedom of speech
406a12

πάσχω 遭遇，发生，经历
［拉］accido
［德］empfangen, erfahren, erleiden
［英］suffer, happen to one
407d2

παύω 终止，停止
［拉］desinere facio, finio
［德］beenden, aufhören machen
［英］cease, end
407c5, 410c8

περιτρέχω 跑圈子
［拉］circumeo
［德］herumlaufen
［英］run round
410a2

πηδάλιον 舵
［拉］gubernaculum
［德］Steuerruder
［英］rudder
408b2

πλημμέλεια 错误，失误
［拉］error, peccatum
［德］Fehler, Versehen
［英］fault, error
407c6

πλοῖον 船
［拉］navis
［德］Schiff
［英］ship
408b2

ποιέω 做，当作
［拉］facio, efficio
［德］machen, tun, annehmen
［英］make, do
407e1, 408e4, 408e7, 409b7, 409b8, 409d6, 410b1, 410d6, 410e3

πολεμέω (πολεμητέον) 战斗，斗争
［拉］pugno
［德］bekriegen, kämpfen
［英］fight, do battle
407d1

πόλις 城邦，城市
　　[拉] civitas
　　[德] Staat
　　[英] city
　　407c8, 407e2, 409d5

πολιτικός 城邦的，公共的，属于公民的
　　[拉] politicus
　　[德] politisch, öffentlich
　　[英] civil, public
　　408b3

πολλάκις 经常，多次
　　[拉] saepe
　　[德] oft
　　[英] many times, often
　　407a6, 408b4

πολύς (comp. πλείων, sup. πλεῖστος, adv.
　　πλειστάκις) 多，许多
　　[拉] multus
　　[德] viel
　　[英] many, much
　　407e1, 409e1, 409e6, 410b3, 410c1

πορεύω 前进，旅行
　　[拉] eo, proficiscor
　　[德] gehen, reisen
　　[英] go, walk, march
　　410c7

πούς 脚
　　[拉] pes
　　[德] Fuß
　　[英] foot
　　407c7

πρᾶγμα 事情，重大的事情，麻烦事
　　[拉] res
　　[德] Sache

　　[英] thing
　　408d4

πρακτέος 必须做的
　　[拉] agendus, faciendus
　　[德] was man tun soll
　　[英] to be done
　　408e1

πράσσω (πράττω) 做
　　[拉] ago
　　[德] tun, handeln, machen
　　[英] do, act
　　407b2, 407e6, 408a7, 409c5

προθυμέομαι 一心要做，极其想做，热
　　衷于
　　[拉] studeo
　　[德] bereit, geneigt sein, erstreben
　　[英] to be ready, willing, eager to
　　do
　　407a1

προνοέω 预先看出，预先识别
　　[拉] praecogito, prospicio
　　[德] voher bemerken, vorhernahnen
　　[英] perceive before, foresee
　　408e4

προσέχω 带给，献上
　　[拉] applico
　　[德] herführen
　　[英] apply, bring
　　408c4

προσποιέω 假装，佯装
　　[拉] affecto, simulo
　　[德] vorgeben
　　[英] pretend
　　406a8

προσφέρω (προσοιστέος) 送上，献上，
走向，接近
[拉] affero, offero, admoveo
[德] hintragen, vorbringen, heran-
kommen
[英] bring to, present, approach
407d1

πρότερος (προτεραῖος) 更早的，在先的
[拉] prior
[德] früher, vorhergehend
[英] before, former, earlier
407b7

προτρεπτικός 擅长劝告的
[拉] exhortandi vim habens
[德] ermahnend
[英] hortatory
408c2, 410d1, 410d3

προτρέπω 鼓励，怂恿，劝说
[拉] impello, exhortor
[德] ermuntern, zureden
[英] urge on, impel, persuade
408d6, 408e3, 409a1, 410b5, 410d2,
410e5, 410e7

προτροπή 劝告，告诫，鼓励
[拉] cohortatio
[德] Ermahnung
[英] exhortation, encouragement
408d3

πυνθάνομαι 询问，打听，听到，了解到
[拉] interrogo, quaero, audio
[德] fragen, sich erkundigen
[英] inquire about, hear, learn
408c9

πυρός 小麦

[拉] triticum
[德] Weizen
[英] wheat
408e6

ῥᾳθυμία 漫不经心，随便，懒散
[拉] desidia, segnities
[德] Leichtsinn, Sorglosigkeit
[英] heedlessness, taking things
easily
407c6

σαφής (adv. σαφῶς) 清楚的，明白的
[拉] manifestus, clarus, planus
[德] deutlich, klar, sichtbar
[英] clear, plain, distinct
409e4

σκεῦος 器具，器皿
[拉] apparatus, instrumentum
[德] Zeug, Gerät
[英] vessel, implement
409d1

σπουδάζω 认真做，热衷于
[拉] serio contendo
[德] ernsthaft sein
[英] to be serious
407e8

σπουδή 急忙，热切，认真
[拉] festinatio, studium
[德] Eile, Eifer, Ernst
[英] haste, zeal, earnestness
407b3

στασιάζω 争吵，反目
[拉] dissideo
[德] sich streiten, sich empören,
entzweien

［英］quarrel, to be in a state of discord, disagree

407d1

συγγίγνομαι 和某人在一起，和某人交往，和某人交谈，帮助某人

［拉］simul sum, auxilior

［德］zusammenkommen, mit jemandem zusammensein, helfen

［英］keep company with, hold converse with, come to assist

407a5

συμβαίνω 有结果，发生

［拉］succedo

［德］sich ereignen, geschehen

［英］result, follow, happen

409d9

σύμπας (συνάπας) 全部，总共，整个

［拉］omnis, totus, cunctus

［德］all, insgesamt

［英］all together, the whole, sum

407e2, 407e10

συμφέρω (συμφορέω) 收集，聚集

［拉］confero, congero

［德］zusammentragen, sammeln

［英］bring together, gather, collect

409c2

συνεπιθυμητής 有同样欲望的人

［拉］contentionis socius

［德］Mitbewerber

［英］one of the same desires

408c6

σχεδόν 几乎，将近，大致

［拉］paene, prope

［德］nahe, fast, ungefähr

［英］near, approximately, more or less

408c1, 410e7

σῶμα 身体，肉体

［拉］corpus

［德］Leib, Körper

［英］body, corpse

407e6, 407e11, 407e12, 408e3, 408e7, 408e9, 410d2, 410d3

ταὐτός 同一的，

［拉］idem

［德］identisch, gleich

［英］identical

409b5, 409e9, 410a2, 410c2, 410d4

ταχύς (adv. τάχα, ταχέως, comp. θάσσων) 快的，迅速的

［拉］citus, celer, velox

［德］schnell, bald

［英］quick, hasty

410c3

τείνω 对准，针对，涉及，关系到

［拉］tendo, referor

［德］zielen, richten

［英］tend, refer, concern

409c6, 410a5

τεκτονικός 木匠的

［拉］ad fabrum pertinens

［德］zur Tischlerei

［英］of or for a carpenter

409b5, 409b6, 409c7

τέλειος (τέλεος, adv. τελέως) 完美的，完满的

［拉］perfectus

［德］vollkommen

［英］perfect

407c3, 408d4

τελευτάω 死亡，完成，结束

　　［拉］morior, occumbo, finio

　　［德］sterben, vollenden, zu Ende

　　bringen

　　［英］die, finish, accomplish

　　408a4, 409d2, 410a7

τέλος 完成，实现，终点

　　［拉］finis, terminus

　　［德］Vollendung, Ende

　　［英］achievement, end

　　410e7

τέχνη 技艺

　　［拉］ars

　　［德］Kunst, Kunstfertigkeit

　　［英］art, skill

　　408a1, 408e9, 409a1, 409a3, 409a5,

　　409b1, 409b4, 409c4, 409c7, 409d1,

　　410a3, 410b8, 410c2

τεχνίτης 有技艺的人，技师，手艺人

　　［拉］artifex

　　［德］Künstler, Handwerker

　　［英］artificer, craftsman

　　409b8

τίθημι (θετέος) 提出，设定

　　［拉］pono, duco

　　［德］setzen, stellen

　　［英］give, put, set up

　　410d5

τολμάω (τολμητέον) 敢，敢于，大胆

　　［拉］audeo

　　［德］wagen

　　［英］dare

407d4

τοσοῦτος 这样大的，这样多的

　　［拉］tantus

　　［德］so groß

　　［英］so great, so large

　　410b6

τραγικός 悲剧的

　　［拉］tragicus

　　［德］tragisch

　　［英］tragic

　　407a8

τραχύς 粗糙的

　　［拉］asper

　　［德］rauh

　　［英］rough

　　406a12

τρόπος 方式，生活方式，性情，风格

　　［拉］modus

　　［德］Weise

　　［英］way, manner

　　407d7, 408d1

τυγχάνω 恰好，碰巧

　　［拉］invenio, incido

　　［德］sich treffen, sich zufällig

　　ereignen

　　［英］happen to be

　　406a10

ὑγίεια 健康

　　［拉］sanitas

　　［德］Gesundheit

　　［英］health, soundness

　　409b3, 409b5

υἱός 儿子

　　［拉］filius

［德］Sohn
［英］son
407b3
ὑμνέω 歌颂，赞美
　［拉］laudo
　［德］besingen
　［英］sing, chant
　407a8
ὑπερεπαινέω 过分称赞，过分表扬
　［拉］miris laudibus orno vel extollo
　［德］übermäßig loben
　［英］praise above measure
　406a3
ὑπομένω 忍受，忍耐，等候
　［拉］tolero, maneo
　［德］ertragen, hinnehmen, erwarten
　［英］submit, bear, await
　407a2, 410b4
ὑποτείνω 在下面伸展，许下，答应
　［拉］subtendo, suggero
　［德］darunterspannen, versprechen
　［英］stretch under, hold out hopes, offer
　408d1
ὕστερος 较晚的，后来的
　［拉］posterior, sequens
　［德］später, nächst
　［英］latter, next
　408c2, 410b1
φαίνω 显示，显得，表明，看起来
　［拉］in lucem protraho, ostendo, appareo
　［德］ans Licht bringen, scheinen
　［英］bring to light, appear

406a11, 410b1
φαῦλος (φλαῦρος;adv. φαύλως, φλαύρως) 容易的，微小的，低劣的，坏的
　［拉］pravus, levis, malus
　［德］gering, leicht, schlimm
　［英］easy, slight, mean, bad
　406a10
φέρω 携带，带到，引向，搬运，忍受
　［拉］fero, traho, perfero
　［德］tragen, bringen, dulden, ertragen
　［英］carry, lead, endure, bear
　407b1
φεύγω 逃，避开
　［拉］fugio, evado
　［德］fliehen, vermeiden
　［英］flee, avoid, escape
　407a3, 409e1
φημί (φατέον) 说
　［拉］dico
　［德］sagen
　［英］say, speak
　407d2, 407d6, 407e5, 408d2, 408e2, 409a3, 409a6, 409c1, 409d1, 409d6, 409e2, 409e9, 410e6
φιλία (φίλιος) 爱，友爱，友谊
　［拉］amor, amicitia
　［德］Liebe, Freundschaft
　［英］love, friendship
　409d5, 409d6, 409d7, 409d8, 409e2, 409e4, 409e7
φίλος (sup. φίλτατος) 亲爱的，令人喜爱的
　［拉］carus, amicus
　［德］lieb, geliebt

［英］beloved, dear

410b1

φροντίζω 考虑，操心，在意，放在心上

　　［拉］curo, cogito

　　［德］nachdenken, sorgen für

　　［英］consider, ponder

　　406a9

φύσις 自然，本性

　　［拉］natura

　　［德］Natur

　　［英］nature

　　410d4

χείρων 更坏的，更差的

　　［拉］deterior

　　［德］schlechter

　　［英］worse, inferior

　　407a2

χράω (χράομαι) 利用，使用，运用

　　［拉］utor

　　［德］benutzen, gebrauchen

　　［英］use, make use of

　　407b4, 407e10, 407e12, 408a2,

　　408a5

χρεία 需要，运用，使用

　　［拉］usus, indigentia

　　［德］Bedürfnis, Gebrauch, Nutzen

　　［英］need, use

　　407e11

χρῆμα 钱财，财物，必需之物

　　［拉］divitia, pecunia

　　［德］Reichtum, Geld

　　［英］money, treasures

　　407b2, 407c4

χρῆσις 使用

　　［拉］usus

　　［德］Gebrauch

　　［英］use

　　407e9

χρόνος 时间

　　［拉］tempus

　　［德］Zeit

　　［英］time

　　410b4

ψέγω 指责，非难

　　［拉］vitupero

　　［德］tadeln

　　［英］blame, censure

　　406a3, 410e5

ψευδής 虚假的，说谎的

　　［拉］falsus, mendax

　　［德］falsch, lügenhaft

　　［英］false, untrue

　　409e2

ψυχή 灵魂，性命

　　［拉］anima, animus

　　［德］Seele

　　［英］soul

　　407e6, 408a5, 408a6, 409a3, 410d6

ὡσαύτως 同样地

　　［拉］similiter, eodem modo

　　［德］ebenso, auf dieselbe Art

　　［英］in like manner, just so

　　408a1, 409b7, 409d2, 410c2

ὠφέλεια 益处，好处，帮助

　　［拉］utilitas

　　［德］Hilfe, Nutzen

　　［英］help, profit, advantage, utility

　　410b2

ὠφελέω 帮助，有益

    ［拉］juvo, utilitatem capio

    ［德］helfen, nützen

    ［英］help, benefit

    407a1

ὠφέλιμος (adv. ὠφελίμως) 有好处的,

有益的，有帮助的

    ［拉］utilis

    ［德］nützlich

    ［英］useful, beneficial

    408c3, 409c3, 409c5

人名索引

参考文献

（仅限于文本、翻译与评注）

1. *Platon: Platonis Philosophi Quae Extant, Graece ad Editionem Henrici Stephani Accurate Expressa, cum Marsilii Ficini Interpretatione*, 12Voll. Biponti (1781–1787).

2. F. Ast, *Platonis quae exstant opera, Graece et Laine*, 11 Bände. Lipsiae (1819–1832).

3. I. Bekker, *Platonis Scripta Graece Opera*, 11Voll. Londini (1826).

4. H. Cary, G. Burges, *The Works of Plato, a new and literal version, chiefly from the text of Stallbaum*, 6 vols. London (1848–1854).

5. H. Müller, *Platons Sämmtliche Werke*, 8 Bände. Leipzig (1850–1866).

6. *Platons Theages, Nebenbuhler, Hipparchos, Minos und Kleitophon, Griechsich und Deutsch, mit kritischen und erklärenden Anmerkungen*. Leipzig (1857).

7. W. William, *Platonic Dialogues for English Readers*, 3 Vols. Cambridge (1859–1861).

8. F. Schleiermacher, *Platons Werke*, Zweiten Theiles Dritter Band, Dritte Auflage. Berlin (1861).

9. R. B. Hirschigius, *Platonis Opera, ex recensione R. B. Hirschigii, Graece et Laine*, Volumen Primum. Parisiis, Editore Ambrosio Firmin Didot (1865).

10. B. Jowett, *The Dialogues of Plato*, in Five Volumes, Third Edition. Oxford (1892).

11. J. Burnet, *Platonis Opera*, Tomus I-V. Oxford (1901–1905).

12. O. Apelt, *Platon: Sämtliche Dialoge*, 7 Bände. Leipzig (1922–1923).

13. R. G. Bury, *Plato: Timaeus, Critias, Cleitophon, Menexenus, Epistles*. Loeb Classical Library, Harvard University Press (1929).

14. *Platon: Œuvres complètes*, Tome XIII-2e partie. Texte établi et traduit par Joseph SOUILHÉ. Paris (1930).

15. *Platon: Sämtliche Werke*, in 3 Bänden. Verlag Lambert Schneider, Berlin (1940).
16. R. Waterfield, *Plato: Republic, Translated with an Introduction and Notes*. Oxford University Press (1993).
17. J. M. Cooper, *Plato Complete Works, Edited, with Introduction and Notes, by John M. Cooper*. Indianapolis / Cambridge (1997).
18. S. R. Slings, *Plato: Clitophon, Edited with Introduction, Translation and Commentary*. Cambridge University Press (1999).
19. M. Kremer, *Plato's Cleitophon, On Socrates and the Modern Mind*. Lexington Books (2004).
20. G. S. Bowe, K. D. Otto, *An Annotated Plato Reader*. Global Scholarly Publications, New York (2010).
21.《柏拉图〈对话〉七篇》，戴子钦译，沈阳：辽宁教育出版社，1998 年。
22.《政治哲学之根：被遗忘的十篇苏格拉底对话》，托马斯·潘戈尔 编，韩潮 等译，北京：商务印书馆，2019 年。

图书在版编目(CIP)数据

克利托丰/(古希腊)柏拉图著;溥林译.—北京:商务
印书馆,2023
(希汉对照柏拉图全集)
ISBN 978-7-100-22242-6

Ⅰ.①克… Ⅱ.①柏… ②溥… Ⅲ.①古希腊罗马
哲学—希、汉 Ⅳ.①B502.232

中国国家版本馆 CIP 数据核字(2023)第 075658 号

希汉对照
柏拉图全集
Ⅷ.1
克利托丰
溥林 译
────────────
商 务 印 书 馆 出 版
(北京王府井大街 36 号 邮政编码 100710)
商 务 印 书 馆 发 行
北 京 通 州 皇 家 印 刷 厂 印 刷
ISBN 978-7-100-22242-6

2023 年 10 月第 1 版 开本 710×1000 1/16
2023 年 10 月北京第 1 次印刷 印张 4¾
定价:56.00 元